CHRISTINE BRAND

BIS ER
GESTEHT

KAMPA

Für den Blick hinter die Verlagskulissen:
www.kampaverlag.ch/newsletter

Der Notruf

Polizeinotruf, kann ich Ihnen helfen?«

»Hier ist Bernhard Scherrer. Ahornweg 8. Bei uns sind beide Kinder umgebracht worden.«

»Was sagen Sie da?«

»Bei uns wurde eingebrochen. Sie sind beide umgebracht worden.«

»Fassen Sie nichts an. Was ist mit Ihren Kindern?«

»Sie sind beide umgebracht worden.«

»Das kann ja gar nicht sein!«

»Sie sind tot. Beide tot!«

»Wir schicken sofort jemanden los. Gehen Sie zu Ihren Kindern.«

»Sie sind beide tot!«

»Sind Sie sicher?«

»Sie sind schon kalt, die Lippen sind ganz blau. Sie sind schon lange tot. Das Fenster ist aufgebrochen worden. Das gibt es ja nicht, jetzt sind die Kinder tot!«

»Nehmen Sie ein Kind, umschließen Sie mit Ihrem Mund Nase und Mund des Kindes. Ist Ihre Frau auch da? Sie soll das beim anderen Kind tun. Legen Sie seinen Kopf in den Nacken.«

»Da läuft Blut aus Sophies Mund! Sie sind tot! Es tut mir leid, sie sind tot, wir waren zu Hause und schliefen, und ein Fenster wurde aufgebrochen, das Geld ist geraubt. Es ist der absolute Notfall. Die Kinder sind beide tot.«

»Wir sind gleich bei Ihnen. Ist die Haustür unten abgeschlossen?«

»Ich gehe sie öffnen ... Ich bin nun im Treppenhaus, aber Moment, etwas ist hier seltsam.«

»Was ist dort?«

»Nein, es ist nichts. Wir hatten die Rollläden alle unten, jetzt ist der Rollladen oben, ich habe ihn dummerweise schon angefasst, wir hatten das Fenster schräg gestellt.«

»Sorgen Sie dafür, dass unten die Tür offen ist.«

»Meine Frau sitzt im Treppenhaus. Wir sind etwa um Viertel vor elf ins Bett. Soll ich bei den Nachbarn läuten? Es ist so still im Haus.«

»Sobald Sie die Tür aufgeschlossen haben, gehen Sie zurück zu Ihren Kindern.«

»Vera, komm, komm zu mir. Sie kann nicht, sie hat keine Kraft. Sie müssen wissen, uns ist schon mal ein Kind gestorben, vor neun Jahren.«

»Können Sie zurück ins Zimmer der Kinder?«

»Ich traue mich nicht. Da kommt jemand. Hallo? Hallo!«

»Sind Sie noch am Apparat? Hallo? Wer ist dran?«

»Hallo, Philipp Bühler am Apparat, Polizei. Ich bin gerade eingetroffen und übernehme jetzt, die Sanität fährt auch gerade vor. Ich gehe schauen, ob die Kinder noch atmen, bleiben Sie dran ... Scheiße. Der Bub ist blau angelaufen, auch die Lippen sind blau. Er hat bereits Flecken. Uff, ich muss doch was machen können! Das Mädchen noch nicht, keine Flecken. Ich versuche, es zu beatmen. Die Sanität kommt. Ende.«

Philipp Bühler

Wachtmeister bei der Kantonspolizei

Ausgerechnet an Weihnachten. Zwei tote Kinder. Ich habe in meiner Karriere einiges gesehen, bin schon viel zu lange dabei. Aber das hier ... Es wird schwierig sein, die Bilder wieder aus dem Kopf zu kriegen.

Ich hatte Bereitschaftsdienst, als der Notruf reinkam. Zufällig wohne ich in der gleichen Gemeinde, darum war ich als Erster vor Ort. Ein Dorf am See, das seinen ländlichen Charakter trotz der vielen Neubauten bewahren konnte. Hier würde man ein solches Verbrechen nicht vermuten. Aber das Böse geschieht überall. Das mit der Idylle, das können Sie vergessen.

Ich traf um 3:47 Uhr im Ahornweg 8 ein: Ein Mehrfamilienhaus, es liegt in einem kleinen Weiler etwas außerhalb des Dorfes, südöstlich des Zentrums. Die Tür unten stand offen, ich stieg die Treppe hinauf und traf zunächst auf Vera Scherrer, die auf den Stufen saß. Sie weinte nicht, wirkte aber abwesend und verstört. Als ich sie ansprach, reagierte sie nicht. Da hörte ich in der Wohnung im ersten Stock jemanden »Hallo« rufen, ich ging hinein und begegnete im Flur Bernhard Scherrer. Der Vater.

Er hatte Tränen in den Augen, versuchte aber, sich zusammenzureißen. Er wirkte sehr erleichtert, als er mich sah, als könnte ich ungeschehen machen, was gerade passiert war. Scherrer streckte mir hilflos sein Telefon entgegen, fasste mich am Arm und führte mich ins Zimmer des Buben.

Ich trat über die Schwelle. Es war ein schrecklicher Anblick.

Der Junge lag in einem hellblauen Pyjama regungslos auf dem Bett, sein Gesicht war bereits blau angelaufen. Tote Kinder … das ist auch nach all den Jahren kaum zu ertragen. Daran gewöhnt man sich nie.

Ich versuchte, den Puls an der Halsschlagader zu ertasten, und hielt meinen Finger unter seine Nase. Aber es war klar, dass es zu spät war. Der Junge war schon eine Weile tot.

»Sophie«, sagte der Vater, der in der Tür stehen geblieben war. »Er hat auch Sophie getötet.« Ich erhob mich und folgte ihm ins Zimmer nebenan. Dort fand ich eine ähnliche Situation vor. Das Mädchen trug einen rosaroten Pyjama. Das Gesicht zur Seite gedreht. Wie auch sein Bruder war es sehr ordentlich angezogen, wie zwei Puppen, kein Zipfel war verrutscht, das fiel mir sofort auf. Das Mädchen hatte noch keine blauen Flecken, und sein Körper war noch weicher als jener seines Bruders. Also versuchte ich sofort, es zu beatmen. Doch ich konnte nichts mehr machen, keine Chance, auch das Mädchen war bereits gestorben. Das Gefühl, zu spät zu kommen, kann einen fertigmachen.

Plötzlich war Vera Scherrer hinter mir, sie stand in der Tür zum Kinderzimmer und sank weinend in sich zusammen, sie glitt am Türrahmen zu Boden, als wäre sie aller Kraft beraubt worden. Sie schluchzte laut und klagte, ich habe ihre Worte zuerst nicht verstanden, dann aber sagte sie, sie hätten vor neun Jahren schon mal ein Kind verloren. Ihr Mann kniete neben sie und nahm sie in die Arme, sie wirkten beide aufgelöst und weinten. So viel Leid und Schmerz.

Ich erinnere mich, wie Bernhard Scherrer fragte: »Wer macht nur so etwas, unschuldige Kinder umbringen?«

Was sagt man einem Vater, der gerade seine beiden Kinder verloren hat? Dafür gibt es keine Worte. In dem Moment, als sich ein schweres Schweigen im Zimmer ausbreitete, weil sich die richtigen Sätze nicht finden ließen, waren im Treppenhaus Schritte zu hören. Die Sanitäter vertrieben die Stille und stürmten in die Wohnung, um das Unmögliche zu versuchen und die Kinder zurück ins Leben zu holen.

Ich hielt die Eltern auf Abstand, während die Sanitäter ihre Arbeit taten. Als sich Bernhard Scherrer etwas gefasst hatte, zeigte er mir das Fenster, durch das der oder die Einbrecher eingestiegen sein sollen – ich sah ziemlich schnell, dass es nicht aufgebrochen worden war. Es gab weder Beschädigungen am Rahmen noch am Fenster, es muss schon offen gestanden haben. Draußen betrug der Abstand zwischen dem Fenster und dem Boden etwa vier Meter. Unter dem Fenster lag eine Wiese, sie war mit Tau bedeckt, von oben waren keine Spuren zu erkennen.

Als ich mich im Wohnzimmer umsah, fiel mein erster Blick auf den Christbaum und auf die Geschenke, die darunterlagen. Buntes Papier, goldene Schleifen. Auf aufgeklebten Sternen standen ihre Namen geschrieben: Sophie und Noah. Ihre Geschenke würden nie ausgepackt werden.

Nach dem Rettungsdienst traf meine Kollegin ein, kurz darauf die Kollegen von der Spurensicherung. Plötzlich stand auch eine Nachbarin in der Tür, die geweckt worden war – wir mussten die Wohnung absperren, damit keine Spuren zerstört wurden. Wir brachten die Eltern hinaus, und die Maschinerie der Ermittlungen setzte sich in Gang. Die Wohnung, die nur mehr ein Tatort war, verwandelte sich in ein eigentliches Laboratorium. Wenn es hier Spuren zu finden gab, würden wir sie finden. Sowohl die Mutter als auch den Vater haben wir schließlich in die Zentrale gebracht, wo sie zu den Ereignissen der Nacht befragt wurden, getrennt voneinander, das ist normal in solchen Fällen, wir brauchen die exakten Erinnerungen beider Beteiligter, ohne dass der eine den anderen beeinflusst. Es geht darum, dass wir den Hergang möglichst genau rekonstruieren können. Damit wir den Täter finden. Diese Bestie, die die beiden Kinder umgebracht hat, darf nicht davonkommen. Die müssen wir kriegen.

1. Befragung

Anwesende:
Belinda Schwarz, polizeiliche Sachbearbeiterin,
und Bernhard Scherrer, Auskunftsperson

Fürs Protokoll: Es ist der 25. Dezember, 5:30 Uhr in der Früh. Mein Name ist Schwarz, Belinda Schwarz, polizeiliche Sachbearbeiterin Mordkommission. Herr Scherrer, ich muss Ihnen einige Fragen stellen. Wie geht es Ihnen, können wir reden?«

»Ja, es geht schon, fragen Sie. Bitte.«

»Ich befrage Sie in diesem Verfahren als Auskunftsperson. Als Auskunftsperson sind Sie nicht zur Aussage verpflichtet. Haben Sie das verstanden?«

»Ja. Warum sagen Sie das? Fragen Sie einfach.«

»Im Weiteren weise ich Sie darauf hin, dass Sie das Recht haben, sich einen Anwalt zu nehmen, und dass Sie sich strafbar machen, wenn Sie falsche Anschuldigungen aussprechen, die Rechtspflege irreführen oder jemanden begünstigen. Haben Sie das ebenfalls verstanden?«

»Ja. Ich brauche keinen Anwalt.«

»Ihr Name ist Scherrer, Bernhard Scherrer?«

»Das ist richtig.«

»Sie wohnen gemeinsam mit Ihrer Frau Vera im Ahornweg 8, mit Ihren Kindern Sophie und Noah?«

»Ja. Aber die Kinder ... die sind tot.«

»Es tut mir leid, was passiert ist, und ich verstehe, dass es schwierig ist für Sie und dass Sie aufgewühlt und müde sind.

Ich muss Ihnen trotzdem einige Fragen stellen, jetzt, wo die Erinnerung noch frisch ist.«

»In Ordnung. Ich schaffe das schon.«

»Wie lange wohnen Sie bereits im Ahornweg?«

»Ich weiß nicht. Ist das wichtig? Etwa vier oder fünf Jahre, die Kinder waren noch klein, als wir hergezogen sind.«

»Sophie ist acht, und Noah sechs?«

»Ja, acht und sechs.«

»Wie lange sind Sie schon mit Ihrer Frau zusammen?«

»Seit über zehn Jahren. Wir haben uns beim Skifahren kennengelernt, da war sie zwanzig, ich war fünfundzwanzig. Kurz darauf sind wir zusammengezogen, es war von Anfang an klar. Wir wussten auch vom ersten Moment an, dass wir Kinder haben würden. Und jetzt sind sie tot. Ich kann es nicht begreifen. Sie sind tot. Alle tot!«

»Möchten Sie ein Taschentuch?«

»Danke. Es waren so liebe Kinder, wissen Sie.«

»Geht es?«

»Es muss.«

»Die Kinder besuchten die Schule und den Kindergarten?«

»Ja, aber es sind Ferien. Weihnachtsferien.«

»Waren die Kinder in den letzten Tagen anders als sonst?«

»Wir waren alle etwas gestresst wegen der Weihnachtsgeschenke, aber Sophie und Noah haben sich darauf gefreut. Wir haben ihnen eine Spielekonsole und ein Malbuch gekauft, das sollte eine Überraschung sein.«

»Haben die Kinder in letzter Zeit etwas Ungewöhnliches erzählt?«

»Nein. Ich meine ... ich weiß es nicht. Da müssen Sie Vera fragen, sie war immer um die beiden herum. Aber nein, ich glaube nicht, sie hätte mir erzählt, wenn etwas gewesen wäre.«

»Waren die Kinder kürzlich alleine unterwegs und könnten sie von jemandem angesprochen worden sein?«

»Nein, sie sind niemals alleine unterwegs. Vera begleitet sie stets auf dem Schulweg. Und in den Ferien sind sie nur bei uns. Das hätten wir doch gemerkt.«

»Können Sie mir Ihre Kinder beschreiben? Waren es wilde Kinder, waren sie schüchtern, wie reagierten sie auf fremde Menschen?«

»Wir haben zwei genügsame Kinder, ab vier Jahren waren sie beide sehr pflegeleicht, hilfsbereit, freundlich. Ich kann es einfach nicht verstehen. Es ist nicht möglich, dass jemand den beiden etwas angetan hat. Das ist absolut unverständlich. Sie sind zwei Goldschätze, sehr selbstständig.«

»Können Sie Noah und Sophie noch etwas näher beschreiben? Was waren ihre Eigenschaften?«

»Noah ist eher liebesbedürftig und er kann etwas nachtragend sein, er ist sehr ordentlich. Sophie ist das pure Gegenteil: Sie kann auch mal laut schimpfen. Es sind aber beides sehr liebe Kinder. Ich meine ... es waren sehr liebe Kinder. Es ist einfach zu schrecklich. Ich kann nicht glauben, dass es wahr ist. Dass sie tot sind. Das kann nicht sein.«

»Wie reagierten sie auf fremde Menschen?«

»Ich glaube normal. Sie sind nicht oft wildfremden Menschen begegnet. Am Anfang waren sie selten draußen, Vera hat sich stets Sorgen um sie gemacht. Sie ist eine sehr fürsorgliche Mutter.«

»Wie meinen Sie das, dass die Kinder nur selten draußen waren?«

»Als sie klein waren. Es kann ja so viel passieren. Darum ließen wir sie nicht alleine draußen spielen, sie sollten erst etwas älter werden. Aber das hat sich dann natürlich geändert.«

»Gab es in den letzten Tagen Streit? Mit den Kindern oder in der Familie, mit Ihrer Frau?«

»Wir haben Kekse gebacken, da ist Noah eine Schüssel

runtergefallen. Vera reagierte gereizt und meinte, das sei das letzte Mal, dass sie Weihnachtskekse backen würden. Sie mochte Weihnachten nicht besonders, das bedeutete für sie immer zu viel Stress. Doch das mit der Schüssel war nur eine Kleinigkeit. Sonst war da nichts. Es war alles wie immer.«

»Wie würden Sie Ihre Ehe beschreiben?«

»Wir führen eine gute Ehe. Vera weiß alles von mir, und ich weiß alles von ihr. Sie hilft mir auch im Geschäft, mit der Buchhaltung, wobei, eigentlich ist sie die Geschäftsführerin, und ich bin der Arbeiter. Sie hält mir den Rücken frei. Sie will immer, dass es allen in der Familie gut geht.«

»Sie führen eine Zimmerei?«

»Richtig.«

»Läuft es gut?«

»Mal besser, mal schlechter, aber ich kann nicht klagen.«

»Sie hatten keine finanziellen Schwierigkeiten?«

»Nein, ich bin schuldenfrei.«

»Würden Sie sich als glückliche Familie bezeichnen?«

»Natürlich. Warum stellen Sie solche Fragen? Denken Sie etwa, wir hätten unseren Kindern etwas angetan? Bin ich deswegen hier? Ich liebe meine Kinder! Wer tut nur so was? Wer bringt zwei unschuldige Kinder um?«

»Das versuchen wir herauszufinden. Ich möchte, dass Sie mir vom gestrigen Tag erzählen, dem 24. Dezember. Wie haben Sie und Ihre Familie den Tag verbracht?«

»Die Kinder waren früh wach und schlüpften zu uns ins Bett. Das sind die schönsten Momente, wenn wir alle unter eine Decke kriechen. Nach dem Frühstück putzte Vera die Wohnung, dann fuhren wir zum Supermarkt, um die Einkäufe für die Festtage zu erledigen. Und um meine Eltern zu treffen. Wir gingen mit ihnen in einem Bistro gegenüber dem Einkaufszentrum Kaffee trinken. Da gibt es eine Spielecke, die Kinder haben sich selbst beschäftigt.«

»Waren sie alleine dort, sind sie in der Spielecke jemandem begegnet, die Kinder?«

»Ich glaube nicht. Es ist mir nichts aufgefallen. Das hätten wir bestimmt gesehen.«

»Und danach?«

»Danach fuhren wir nach Hause. Nein, Moment, vorher haben wir am Kiosk noch einen Lottoschein gekauft. Wir spielen jede Woche Lotto, man kann nie wissen, nicht wahr? Und auf dem Weg zum Auto sah Vera einen Ring im Schaufenster eines Schmuckgeschäfts. Ich gab ihr hundert Franken, damit sie ihn kaufen konnte. Erst dann fuhren wir über einen Umweg nach Hause. Von dort aus ging ich mit den Kindern spazieren. Wir waren sicher eine Stunde unterwegs. Ich erinnere mich, dass überall Raureif lag. Es war ein kalter, grauer Tag.«

»Und Ihre Frau?«

»Sie kochte währenddessen das Abendessen. Ich weiß nicht mehr, was es gab. Seltsam, dass mir das jetzt nicht einfällt. Das war ja erst gerade, vor ein paar Stunden. Es fühlt sich an, als wäre es weit weg, in einem anderen Leben. Nach dem Essen sahen wir noch etwas fern, einen Weihnachtsfilm, etwa um Viertel vor neun brachten wir die Kinder ins Bett. Vera und ich legten uns um Viertel vor elf schlafen. Sie klagte über Kopfschmerzen, sie leidet manchmal an Migräne. Ich wollte ihr eine Kopfschmerztablette holen, aber sie lehnte ab, sie stand selbst auf und nahm eine ein. Dann muss ich eingeschlafen sein.«

»Warum sind Sie aufgewacht?«

»Vera hat mich geweckt, es war mitten in der Nacht. Ich glaube, etwa drei Uhr, vielleicht etwas später. Ich schreckte aus dem Tiefschlaf hoch. Sie sagte, etwas sei nicht in Ordnung. Die Tür des Schlafzimmers war nahezu geschlossen. Das kam auch mir seltsam vor. Sie müssen wissen, die steht sonst immer ganz offen, ich blockiere sie jeweils mit einem Pantoffel, damit sie nicht zufällt und wir die Kinder hören können, falls etwas ist. Jetzt aber war sie nur halb offen, etwa in einem 45-Grad-Winkel, und draußen sah ich ein Licht schimmern. Vera fragte mich, ob ich auf dem Klo gewesen sei, wegen der Tür, oder ob Noah auf dem Klo war. Ich war alarmiert. Die Tür stand sonst immer offen, sie war nie zu. Mir war sofort klar, dass hier etwas nicht stimmte. Vorsichtig stand ich auf, ich ging leise in den Flur hinaus, dann zu Noah ins Zimmer.«

»Haben Sie bei Noah im Zimmer das Licht angemacht, oder brannte es schon?«

»Das weiß ich nicht mehr. Da war ein Licht, als ich aufgestanden bin. Aber ich kann nicht sagen, ob es das Licht in Noahs Zimmer war. In dem Moment stürzte vieles gleichzeitig auf mich ein, ich konnte nicht mehr klar denken. In solchen Momenten funktioniert man nur noch. Da war nichts als Angst und Überforderung. Es war ganz schrecklich.«

»Hier, nehmen Sie ein frisches Taschentuch. Ich weiß, dass es schwierig ist für Sie, aber Sie müssen mir ganz genau erzählen, was Sie im Kinderzimmer gesehen haben.«

»Was ich dort sah, war furchtbar. Noah hatte ein Kissen auf dem Gesicht. Ich nahm es weg. Er fühlte sich eiskalt an, und es lief ihm eine Flüssigkeit aus dem Mund. Er hatte auch Flecken im Gesicht. Ich habe seinen Puls gesucht, am Handgelenk, am Hals, aber ich habe ihn nicht gefunden. Ich erinnere mich, dass ich einen kalten Windzug wahrnahm, im Zimmer war es frostig. Ich schloss das Fenster und ging hinüber ins Zimmer von Sophie. Ich tat das wie ferngesteuert, ich habe nicht nachgedacht. Sophie war ebenfalls kalt und lag genau gleich da wie Noah. Ich habe auch bei Sophie das Kissen weggenommen. Ich weiß noch, dass ich ihren Namen gerufen habe, das weiß ich noch ganz genau, als würde ich mich selbst immer wieder hören – ›Sophie! Sophie!‹ –, und ich versuchte auch bei ihr, einen Puls zu ertasten, aber ich schaffte es nicht. Da war keiner, ich spürte nichts. Sie war tot! Dann alarmierte ich die Polizei. Ich musste zuerst die Nummer heraussuchen, ich wusste sie nicht mehr. Es war eine extreme Angst da. Es war die totale Überforderung. Ich wusste auch nicht, ob sich noch jemand im Haus befand, es sah aus, als wäre jemand in die Wohnung eingebrochen. Er muss durch das Fenster eingestiegen sein, es stand offen, obwohl wir es nur schräg gestellt hatten, und der Rollladen war oben, ich bin sicher, dass der Rollladen am Abend unten war, wir schließen die Rollläden jeden Abend. Und dann die Kinder, tot in ihren Betten. Sie waren so klein. Es war ein furchtbarer Anblick, es war ganz schrecklich und ganz extrem. Der absolute Notfall.«

»Wo war Ihre Frau in dem Moment?«

»Ich weiß nicht, was meine Frau gemacht hat, als ich erst zu Noah ins Zimmer und dann zu Sophie ging. Ich glaube, unsere Wege haben sich irgendwann gekreuzt, sie war präsent, aber ich weiß nicht, was sie in der Zwischenzeit gemacht hat.«

»Sie riefen also die Polizei. Was passierte danach?«

»Der Mann am Telefon redete mit mir, er sagte, ich solle zu den Kindern gehen und sie beatmen. Doch die Kinder waren eiskalt. Ich war völlig überfordert. Ich ging dann runter, um die Eingangstür für die Sanitäter zu öffnen. Als ich zurückging, saß Vera im Treppenhaus auf einer Stufe, sie saß dort und weinte. Ich sagte ihr, wir müssten die Kinder beatmen. Sie meinte, sie könne das nicht. Der Einbruch von früher kam wieder hoch, bei uns beiden. Es war eine ähnliche Situation wie damals, als schon mal bei uns eingebrochen worden war, noch in der alten Wohnung. Wir hatten solche Angst – und gleichzeitig wirkte alles unwirklich. Der Mann am Telefon sagte, ich solle zurück zu den Kindern gehen, er wies mich an, was ich tun musste. Aber ich konnte sie nicht beatmen, ich habe mich nicht getraut, es kam eine Flüssigkeit aus ihrem Mund.«

»War die Wohnungstür abgeschlossen in der Nacht?«

»Die Wohnungstür war zweimal abgeschlossen, sie ist immer zweimal abgeschlossen.«

»Sind Sie sicher?«

»Ich bin ganz sicher, dass sie zweimal abgeschlossen war. Abends bin ich mit Sophie noch mal runter in den Keller, um etwas zu holen, und als wir zurückkamen, hat sie vergessen abzuschließen, darum habe ich es gemacht. Ich bin ganz sicher.«

»Haben Sie den Schlüssel stecken lassen?«

»Ja.«

»Und als Sie in der Nacht aufschlossen, um unten die Haustür für die Sanitäter öffnen zu gehen, haben Sie da den Schlüssel wieder zweimal umgedreht?«

»Ich erinnere mich nicht, wer die Wohnungstür geöffnet hat. Und ob sie einmal oder zweimal abgeschlossen war. Oder überhaupt nicht abgeschlossen. Vielleicht habe ich sie geöffnet. Oder Vera? Ich weiß es nicht.«

»Herr Scherrer, bitte denken Sie nach. Das ist ganz wichtig. Versetzen Sie sich zurück in die Situation. Es ist Nacht. Sie gehen ins Treppenhaus, um unten die Haustür aufzuschließen. Sie verlassen dafür Ihre Wohnung, öffnen die Tür: Haben Sie den Schlüssel im Schloss umgedreht?«

»Vielleicht. Vielleicht auch nicht. Ich erinnere mich nicht!«

»Versuchen Sie's.«

»Es geht nicht. In meiner Erinnerung stehe ich schon im Treppenhaus.«

»In Ordnung. Sie sagten, das Fenster in Noahs Zimmer hätte offen gestanden.«

»Und das Fenster im Wohnzimmer. Wir hatten die Rollläden unten – aber nun waren sie oben. Nach dem ersten Einbruch in unserer alten Wohnung haben wir uns nicht mehr sicher gefühlt. Darum haben wir in der neuen Wohnung Beschläge an der Balkontür angebracht. Aber das Fenster beim Esszimmertisch stand weit offen. Ich bin ganz sicher, dass am Abend der Rollladen unten und das Fenster nur schräg gestellt war.«

»Was nahmen Sie sonst noch wahr in der Wohnung?«

»Es war extrem kalt. Ich hatte Angst, dass noch jemand da war. Zuerst habe ich ins Büro geschaut, dort habe ich nichts festgestellt, dort steht ein blaugraues Sofa. Ich dachte, es sei alles in Ordnung. Erst als ich später mit dem Polizisten erneut ins Zimmer ging, hab ich bemerkt, dass da Kleidung auf dem Boden lag und die Tasche auf dem Sofa ausgeleert war. Ich schaute nach meinem Portemonnaie. Darin befanden sich einhundertfünfzig Franken, aber das Geld war weg. Ich habe auch etwas Geld für kleine Ausgaben gespart, 5000 Franken, die lagen in der kleinen Kommode in der untersten Schublade. Die 5000 Franken waren noch da, als ich nachschaute, die haben sie nicht gefunden. Ich fragte mich, wie die reingekommen sind. Wir wohnen im ersten Stock, sie müssen eine Leiter dabeigehabt haben. Dann bat mich eine Polizistin, mit ihr mitzugehen, und eine Ärztin hat mich untersucht. Ist eigentlich meine Frau auch hier?«

»Ja, sie ist auch hier.«

»Wie geht es ihr?«

»Wir müssen ihr ebenfalls einige Fragen stellen.«

»Warum dürfen wir nicht zusammen sein?«

»Es ist wichtig, dass wir Sie getrennt befragen können, damit sich die Erinnerungen nicht vermischen.«

»Sagen Sie mir: Wer hat das unseren Kindern angetan? Es waren doch zwei kleine, unschuldige Kinder! Wie kann so etwas nur passieren?«

»Möchten Sie eine Pause machen?«

»Gerne. Ich bin sehr müde.«

»Ich lasse Ihnen Kaffee bringen. Und etwas zu essen.«

»Ich kann nicht nach Hause fahren?«

»Das geht leider nicht, ich habe noch weitere Fragen. Wir machen eine halbe Stunde Pause.«

Veronika Weber

Nachbarin

Der Lärm im Treppenhaus hat mich geweckt. Es war nicht wirklich Lärm, ich hörte Schritte, viele Schritte, viel zu viele Schritte mitten in der Nacht, und dann ein Weinen, weit weg. Ich war auf einen Schlag hellwach und wusste, dass etwas passiert sein musste. Aber wer denkt schon an so was? Es muss kurz nach drei gewesen sein, aber das kann ich nicht mit Sicherheit sagen, ich habe nicht auf die Uhr geschaut.

Im ersten Augenblick habe ich an einen Ehestreit gedacht. Ich war unsicher, ob ich wirklich aufstehen und nachschauen sollte. Aber streiten tut man in der Wohnung, nicht im Treppenhaus, nicht mitten in der Nacht. Und es waren zu viele Schritte, zu viele Menschen. Ich verwünschte meinen Mann dafür, dass er ausgerechnet in dieser Woche auf Montage im Ausland unterwegs war, dass ich nicht ihn losschicken konnte, um mal nachzusehen. Also habe ich den Morgenrock übergezogen und vorsichtig die Tür geöffnet.

Vera saß vor ihrer Wohnung auf den Stufen. Sie war sehr blass, ihr Gesicht wirkte versteinert. Sie muss es gewesen sein, die ich weinen gehört hatte. Jetzt aber blickte sie mich nur müde an und sagte, bei ihnen sei eingebrochen worden. Und die Kinder seien tot.

Im ersten Moment habe ich nicht verstanden, was sie sagte. Ich meine, ich habe es schon gehört – aber eben nicht verstanden, nicht begriffen, die Worte haben sich geweigert, in meinem Kopf anzukommen. »Einbruch«, das konnte ich aufnehmen – »tote Kinder«, das ging nicht, das war zu groß und zu schlimm, um es zu verstehen. Ich habe es bis jetzt noch nicht wirklich realisiert, dass sie tot sind, die Kinder. Umgebracht! Man bringt keine Kinder um. Das geht doch nicht.

Ich fragte Vera, ob sie den Einbrecher gesehen und ob er etwas gestohlen habe, es fiel mir nichts anderes ein, auch wenn sich die Frage im Nachhinein schrecklich und voll daneben anhört, aber ich habe mich am Wort »Einbruch« festgeklammert, weil ein Einbruch allein nicht so schlimm ist.

Da wiederholte sie, er habe die Kinder getötet.

Ich konnte das nicht fassen. Und dann sagte sie noch: »Geh rein und schau nach, wenn du mir nicht glaubst.« Also bin ich an ihr vorbei in die Wohnung gegangen.

Es mag seltsam klingen, aber ich war zuvor noch nie in ihrer Wohnung, obwohl wir direkt Tür an Tür leben. Wir sind nicht diese Art von Nachbarn, die gleichzeitig dicke Freunde sind. Wir haben uns immer gegrüßt und im Treppenhaus einen Schwatz gehalten, doch das war es dann auch schon. Es wäre mir seltsam vorgekommen, die Scherrers einzuladen oder von ihnen eingeladen zu werden. Aber das geht in Ordnung. Es ist nicht so, dass wir uns nicht verstehen. Wir sind einfach gute Nachbarn, nicht Freunde.

In der Wohnung standen Bernhard und ein fremder Mann. In der ersten Sekunde habe ich mich erschrocken, weil ich unsinnigerweise dachte, dass der andere der Einbrecher sein könnte. Aber im nächsten Augenblick war klar, dass er ein Polizist war – aufgrund der Art und Weise, wie er mit Bernhard sprach.

Und dann sah ich Sophie. Im Kinderzimmer.

Die Kleine lag auf dem Boden, und die Sanitäter versuchten, sie zu reanimieren. Ich habe mich abgewendet, und der

Polizist hat mich dann auch gleich wieder aus der Wohnung geführt und mich gebeten, bei Vera zu warten. Bei ihr stand nun eine Polizistin, eine große Frau, die ihr Fragen stellte.

Erst nachdem ich Sophie dort liegen gesehen hatte, habe ich realisiert, was Vera mir gesagt hatte. Dass es wahr war. Dass etwas ganz Schlimmes geschehen war. Es kamen dann noch mehr Menschen. Es fühlte sich alles surreal an, als wäre ich im richtigen Leben eingeschlafen und in einem Horrorfilm aufgewacht. Oder als ob ich immer noch in einem üblen Traum feststecken würde. Wenn ich heute an die Nacht zurückdenke, kommt es mir vor, als blickte ich auf die Erinnerung eines anderen Menschen. Als handle es sich um eine Erzählung eines Bekannten, nicht um ein Ereignis, das ich selbst erlebt habe. Ich kann das Geschehen nicht mit mir in Verbindung bringen. Ist das nicht eigenartig?

Eine Polizistin hat mich dann später befragt. Sie wollte, dass ich die Familie Scherrer beschreibe. Aber was sollte ich schon sagen? Die Scherrers sind eine Familie wie viele andere auch. Sie hatten reizende Kinder, vor allem Noah, ihn mochte ich sehr. Sophie war etwas wilder. Man hat die Kinder nicht oft draußen gesehen, und für meinen Geschmack waren die beiden beinahe zu gut erzogen. Ich weiß, das mag etwas seltsam klingen, aber Sie wissen bestimmt, wie ich es meine. Sie waren auf eine fast unnatürliche Weise artig, wie kleine Erwachsene, nicht wie Kinder. Es herrschte Drill und Ordnung in der Familie, das war mein Eindruck. Es wurde getan, was die Mutter sagte, da gab es keinen Widerspruch. Die Kinder mussten immer und überall aufpassen, sie durften ja nicht schmutzig werden, da war Vera sehr penibel. Und wenn sie doch mal schmutzig waren, mussten sie selbst die Wäsche waschen, dabei waren sie ja wirklich noch so klein. Es ist eine schreckliche Vorstellung, dass sie nun tot sind.

Was soll ich sonst noch sagen? Meine Kinder haben nicht so gerne mit den Kindern der Scherrers gespielt. Wahrscheinlich, weil die beiden vieles nicht tun durften, was andere Kinder machen. Wir haben Noah und Sophie jeweils trotzdem zu den Kindergeburtstagen eingeladen, aber sie durften nie kommen. Womöglich klinge ich jetzt zu negativ. Es war eine Familie, wie es viele gibt, sie lebten einfach ein bisschen zurückgezogen, sie konzentrierten sich auf sich selbst, aber das ist ihr gutes Recht. Sie schienen mit sich zufrieden zu sein.

Es ist grauenhaft, dass ausgerechnet ihnen so etwas widerfahren muss. Die armen Kinder. So etwas kann man nicht begreifen. Es kommt mir vor, als wäre das Böse in unser Haus eingedrungen, und ich befürchte, dass es so schnell nicht wieder verschwindet. Das macht mir Angst. Vielleicht war es nichts als Zufall, dass der Einbrecher bei den Scherrers und nicht bei uns eingestiegen ist. Dass er ihre, nicht unsere Kinder getötet hat. Vielleicht hatten wir einfach nur Glück, dass es nicht uns getroffen hat – und womöglich werden wir beim nächsten Mal weniger Glück haben. Ich sorge mich um unsere Jungs, um unsere Sicherheit. Ich werde für ein paar Tage mit den Kleinen zu meiner Schwester ziehen, ich kann nicht hierbleiben und so tun, als wäre nichts geschehen. Man kann nie wissen; vielleicht kehrt der Einbrecher zurück und schlägt erneut zu.

Als ich wieder in unserer Wohnung war, ging ich als Erstes ins Kinderzimmer. Die Knaben schliefen tief und ruhig. Sie können sich nicht vorstellen, wie erleichtert und wie dankbar ich war. Doch in der nächsten Sekunde überflutete mich die Angst wie eine Welle, die Angst, dass auch ich meine Kinder verliere, dass auch uns das Glück abhandenkommen könnte. Dass es beim nächsten Mal nicht den Nachbarn, sondern uns selbst treffen wird. Ich muss lernen, mit dieser Angst umzugehen.

Fortsetzung 1. Befragung

Anwesende:
Belinda Schwarz, polizeiliche Sachbearbeiterin,
und Bernhard Scherrer, Auskunftsperson

H err Scherrer, wie geht es Ihnen, können wir fortfahren?«

»Ich, ich … ich muss schon wieder weinen. Ich kann nur noch weinen. Die Verzweiflung frisst mich auf, ich fühle mich total leer. Alles ist weg, mein Innerstes, meine Seele, das Blut in meinem Körper, alles leer, alles aufgefressen. Alles verloren. Ich frage mich die ganze Zeit: Wie soll es nun weitergehen ohne die Kinder? Es gibt nur noch diese eine Frage in meinem Kopf. Antwort finde ich keine. Es macht alles keinen Sinn. Das ist kein Leben mehr.«

»Es muss sehr schmerzhaft für Sie sein. Aber ich bin darauf angewiesen, dass Sie uns helfen. Wir wollen herausfinden, wer das Ihren Kindern angetan hat.«

»Ich brauche selbst Hilfe. Ich bin verloren.«

»Ich verstehe, was Sie durchmachen.«

»Sie meinen, mich zu verstehen? Haben Sie Kinder? Nein, Sie haben bestimmt keine Kinder! Sie haben keine Ahnung, wie das ist! Sie halten mich hier fest und löchern mich mit Fragen, dabei habe ich Ihnen schon alles gesagt. Ich weiß nicht, was das soll, ich verstehe es nicht, nichts verstehe ich mehr, ich kann nicht mehr.«

»Es ist für unsere Ermittlungen wichtig, dass Sie uns alles sagen, was Sie wissen.«

»Ich weiß nichts! Ich weiß doch selbst nichts! Wenn ich wüsste, wie das passieren konnte und wer das war, dann würde ich das sicher nicht für mich behalten.«

»Ich möchte, dass Sie mir mehr über sich erzählen.«

»Über mich? Was soll das? Sie verdächtigen mich. Mich! Wie können Sie es wagen? Es sind meine Kinder, sie sind tot. Jemand hat mir meine Kinder genommen, und Sie meinen, dass ich selbst das war? Ich begreife das nicht.«

»Wir müssen alle Möglichkeiten prüfen. Bei Delikten gegen Kinder stammt die Täterschaft in den allermeisten Fällen aus dem engsten Umfeld.«

»Nicht aus unserem Umfeld. Bis gestern waren wir eine glückliche Familie. Bis gestern lebten wir in einer gesunden, normalen Welt. Seit heute steht sie still, und alles ist nur noch dunkel. Ich kann nicht mehr.«

»Hier, nehmen Sie ein Taschentuch.«

»Ich will Ihre Taschentücher nicht. Ich will Ihre Fragen nicht mehr hören. Ich will zu meiner Frau. Ich will nach Hause. Ich will verdammt noch mal meine Kinder zurück.«

»Ich informiere den Arzt, er wird Ihnen etwas geben, damit Sie sich beruhigen.«

»Ich will mich nicht beruhigen! Ich will auch keinen Arzt und keine Tabletten! Lassen Sie mich endlich in Ruhe.«

»Ich lasse Sie. Ich komme später wieder. Ruhen Sie sich etwas aus.«

»Sie brauchen nicht wiederzukommen. Es ist alles gesagt. Es ist vorbei.«

Belinda Schwarz

Polizeiliche Sachbearbeiterin

Nach der Pause kam der Zusammenbruch. Der war nicht gespielt, aber das hat nichts zu bedeuten. Scherrer hat nur noch geweint, er hatte sich nicht mehr unter Kontrolle, aber ich darf mich davon nicht beeindrucken lassen. Das lernt man in der ersten Stunde: Sich ja nicht zu früh auf eine Spur einschießen, sonst verliert man das Gesamtbild aus den Augen und übersieht vielleicht etwas. In diesem Fall ist nichts unmöglich. Ich muss offen bleiben für alle Hinweise.

Ich habe Bereitschaftsdienst über die Feiertage, wie jedes Jahr. Weihnachten ist mir nicht wichtig. Ich feiere nicht und ich habe auch keine Familie, die feiern will, daher steht fest, dass ich ausrücke, wenn was ist. Und über Weihnachten ist immer etwas, vor allem abends und erst recht nachts. Von wegen Heilige Nacht – unheilvolle Nächte sind das. Die Familien halten es mit sich selbst nicht aus und schlagen sich halb tot.

Oder eben ganz.

Mit zwei toten Kindern habe aber auch ich natürlich nicht gerechnet, das ist schon heftig. Das fährt einem in Mark und Bein, das wünscht man keinem. Mein Pager ging mitten in der Nacht los. Ich war sofort hellwach und fuhr von zu Hause direkt an den Tatort. Als ich hörte, dass es um Kindstötung geht, war mir von Anfang an klar, dass es der Beginn einer großen Geschichte war und nicht bloß ein

Einsatz von ein paar Stunden. Ich gehe davon aus, dass es einer der größten Fälle meiner Karriere werden wird – oder zumindest der Fall, der am meisten Aufsehen erregt.

Ich werde so rasch als möglich mit der Medienabteilung Kontakt aufnehmen müssen. Ein zweifacher Kindermord – das öffentliche Interesse und die Schlagzeilen werden riesig sein. Das ist nicht gut, es erschwert unsere Ermittlungen enorm. Und es erhöht den Druck: Springen die Medien auf einen Fall an, wollen Politik und Volk am liebsten schon am nächsten Tag einen Täter präsentiert bekommen. Wir müssen versuchen, gleich von Beginn an die Berichterstattung über den Fall in eine einigermaßen annehmbare Richtung zu steuern. Doch darum kümmere ich mich morgen. Auch die Redaktionen werden derzeit nur spärlich besetzt sein, es reicht, wenn wir die Medien nach den Feiertagen informieren. Wichtig ist, dass wir ruhig bleiben und uns nicht unter Druck setzen und beeinflussen lassen.

Am Tatort nahm ich nur einen kurzen Augenschein vor, die Spurensicherung war noch immer bei der Arbeit. Danach ließ ich die Eltern getrennt voneinander in die Polizeizentrale bringen und begann noch in der Nacht mit der Befragung des Vaters, während sich mein Kollege mit der Mutter unterhielt.

Es war kein einfaches Gespräch. Ein Vater, der gerade seine Kinder verloren hat – und von dem ich nicht weiß, ob er Opfer ist oder Täter. Es sieht nach einem Einbruch aus, aber ein Einbrecher, der in eine Wohnung steigt und zwei Kinder tötet? Wie gesagt, nichts ist unmöglich. Aber es gibt Wahrscheinlichkeiten. Und die Wahrscheinlichkeit, dass ein Fremder in eine Wohnung einbricht und zwei Kinder umbringt, ist gering. Sehr gering. Werden Kinder getötet, kannten sie in den allermeisten Fällen ihren Mörder – oder ihre Mörderin. Meist stammt die Täterschaft aus dem engsten Umfeld. Fast immer sind es die Eltern, die Mutter, der Vater, manchmal beide. Das sage ich nicht nur so dahin, das belegen die Statistiken. Eine Studie aus Deutschland hat die Tötungsdelikte an fünfhundertfünfunddreißig unter siebenjährigen Kindern untersucht, und es gab keinen einzigen Täter, der nicht aus dem Umfeld der Opfer stammte. In über 97 Prozent waren es die Eltern oder der neue Lebenspartner der Mutter. Bei Kindern über sechs Jahren liegt der Anteil etwas niedriger, aber auch da stammt die Täterschaft zu über 87 Prozent aus dem nahen Umfeld. Bringt ein fremder Täter Kinder um, handelt es sich fast immer um Sexualdelikte.

In unserem Fall wissen wir noch nicht, ob die Kinder sexuell missbraucht worden sind – die Obduktion ist noch nicht abgeschlossen, der Bericht steht noch aus. Wir werden sehen. Aber ich kann mir einfach nicht vorstellen, dass jemand in ein Haus schleicht, sich im Zimmer neben den schlafenden Eltern zuerst an dem einen, dann am anderen Kind vergreift und die beiden anschließend tötet. Das geht mir nicht in den Kopf rein. Aber es gibt Verbrechen, die man nicht verstehen und die man sich nicht vorstellen kann – bis sie wirklich geschehen.

Der Vater, Bernhard Scherrer, wirkte zu Beginn einigermaßen gefasst, ich habe ihn am Anfang mit ein paar allgemeinen Fragen beruhigen können. Nach der Pause war er sehr aufgewühlt und aufgeregt, ich musste dann abbrechen, das brachte nichts. Vielleicht war es ein Fehler, eine Pause zu machen, aber im Nachhinein ist man immer schlauer.

Ob ich ihn für schuldig halte? Es ist zu früh, um mir eine Meinung zu bilden. Sobald die Ergebnisse der Spurensicherung und der Obduktion vorliegen, werden wir mehr wissen. Gewiss ist nur, dass ich Scherrers Vertrauen gewinnen muss, damit er sich mir öffnet. Es ist eine Gratwanderung: Bin ich die verständnisvolle, vorsichtige Fragenstellerin, oder gehe ich auf Konfrontation und fordere ihn heraus? Keine leichte Aufgabe. Aber ich vertraue auf meine Intuition. Manchmal darf man nicht zu sehr über mögliche Befragungstaktiken nachdenken. Ich bin bis jetzt während der Einvernahmen immer gut damit gefahren, auf mein Bauchgefühl zu hören. Ich hoffe, dass Scherrer nicht vollends dichtgemacht hat und jede weitere Aussage verweigert, das wäre das schlechteste Szenario. Es würde ihn hochverdächtig machen.

Dieser Fall ist eine echte Herausforderung. Ich nehme sie an. Darum bin ich geworden, was ich bin. Ich will die Wahrheit finden.

Fortsetzung 1. Befragung

Anwesende:
Belinda Schwarz, polizeiliche Sachbearbeiterin,
und Bernhard Scherrer, Auskunftsperson

G eht es Ihnen besser, Herr Scherrer?«
»Es geht. Ein wenig.«

»Können wir unser Gespräch fortsetzen?«

»Ich habe zuerst eine Bitte.«

»Ich höre.«

»Ich habe mir Gedanken gemacht. Ich möchte Sophie und Noah bei Mira beisetzen, die Urnen, im selben Grab. Damit alle drei Kinder beisammen sind.«

»Mira ist das erste Kind, das Sie verloren haben?«

»Ja. Ich möchte das noch heute in die Wege leiten.«

»Es tut mir leid. Die Kinder befinden sich im Institut für Rechtsmedizin. Sie werden obduziert, damit wir wissen, woran sie genau gestorben sind. Es wird eine Weile dauern, bis Sie die Kinder beerdigen können.«

»Sie wurden erstickt. Der Einbrecher hat sie erstickt. Mit den Kissen!«

»Wir werden genau untersuchen, wie die Kinder zu Tode gekommen sind. Danach werden Sie die Beerdigung organisieren können. Aber nun möchte ich, dass Sie mir etwas über sich erzählen.«

»Warum?«

»Damit ich mir Ihre Familie vorstellen kann, wie Sie gelebt haben, wie Sie aufgewachsen sind.«

»Ich bin doch nicht wichtig! Sie müssen den Mann finden, der mir die Kinder genommen hat.«

»Warum denken Sie, dass es ein Mann war?«

»Eine Frau könnte so etwas nicht tun. Oder?«

»Ich habe nur ein paar Fragen zu Ihrem Lebenslauf.«

»Dann fragen Sie.«

»Wo sind Sie aufgewachsen?«

»Hier, im Dorf, ich bin nie weggezogen.«

»Waren Sie eine große Familie?«

»Ich habe einen Bruder und zwei Schwestern, meine Eltern leben auch immer noch im Dorf, wir haben manchmal die Kinder zu ihnen gebracht.«

»Wie würden Sie Ihre Kindheit beschreiben?«

»Als ganz normal. Ich bin zur Schule gegangen, habe danach eine Lehre als Zimmermann absolviert. Ich habe mich rasch hochgearbeitet und mich schon früh selbstständig gemacht. Nach vier Jahren war ich schuldenfrei.«

»Sie haben ein gutes Verhältnis zu Ihren Eltern?«

»Ein sehr gutes. Warum fragen Sie das alles?«

»Wir müssen uns ein Bild von Ihrer Familie machen können.«

»Meine Eltern waren Bauern. Ich war ein Bauernsohn, aufgewachsen auf dem Bauernhof. Ich musste immer mitanpacken, aber ich hatte eine schöne Kindheit.«

»Sie sagten, Sie hätten die Kinder manchmal zu den Großeltern gebracht.«

»Ja, sie hatten eine enge Beziehung, die Kinder liebten es, auf dem Bauernhof zu spielen.«

»Kam das oft vor?«

»Nicht sehr oft, hin und wieder, vor allem, wenn meine Frau krank war.«

»Können Sie mir das Verhältnis zwischen Ihrer Frau und Ihren Eltern beschreiben?«

»Das war gut. Meine Eltern sind einfache, liebe Leute. Sie haben Vera sofort wie eine Tochter aufgenommen.«

»Es gab keinen Streit?«

»Das habe ich Ihnen doch schon gesagt: Es gab keinen Streit in meiner Familie. Sie irren sich, wenn Sie denken, jemand aus meiner Familie habe etwas mit dem Tod meiner Kinder zu tun. Der Täter stammt nicht aus unserem Umfeld, unmöglich.«

»Herr Scherrer, ich denke, es ist in Ihrem Interesse, dass wir den Täter möglichst schnell finden. Darum bin ich froh, wenn Sie mir meine Fragen beantworten. Wir müssen alles wissen. Ich bitte Sie, kooperativ zu sein.«

»Ich bin doch kooperativ! Ich bin einfach sehr müde. Und ich möchte meine Frau sehen.«

»Das verstehe ich. Machen wir trotzdem weiter?«

»Okay.«

»War Ihre Frau von Anfang an dabei, als Sie Ihre eigene Firma gegründet haben?«

»Ja, von Anfang an, sie hat mich immer unterstützt.«

»Wie war Ihr Zusammenleben?«

»Wir haben ein schönes Zusammenleben. Ein sehr schönes. Ich bin glücklich in dieser Ehe, uns ist es wirklich gut gegangen. Wir hatten keine Probleme. Bis ... bis jetzt.«

»Sie hatten niemals Streit?«

»Natürlich gibt es manchmal Streit, aber das ist normal, in einer Ehe gibt es nicht immer nur Sonnenschein, es ist ein Auf und Ab. Aber wir hatten es wirklich gut. Wenn es mal Streit gab, war er schnell vorbei, und wir vertrugen uns wieder.«

»Sie sind nun schon viele Jahre mit Ihrer Frau zusammen. Gab oder gibt es daneben jemand anderen?«

»Eine andere Frau?«

»Ja.«

»Nein, niemals! Ich bin Vera immer treu gewesen. Und sie ist mir auch treu, dafür lege ich die Hand ins Feuer. Es gibt kein Anzeichen, dass etwas zwischen uns nicht mehr stimmt. Auch sexuell funktioniert unsere Beziehung gut, das wollten Sie bestimmt gleich als Nächstes fragen. Nein, ich habe kein Verhältnis. Wir halten zueinander und sind immer füreinander da. Wirklich, wir führen eine gute Ehe. Das einzige Problem ist vielleicht, dass sich Vera manchmal einsam fühlt und etwas Heimweh hat. Aber das ist nichts Außergewöhnliches, wenn man weit weg vom früheren Zuhause lebt.«

»Können Sie mir Ihre Beziehung zu den Kindern beschreiben?«

»Sie denken, dass ich meine Kinder getötet habe! Sonst würden Sie doch nicht all diese Fragen stellen. Aber das habe ich nicht, so etwas könnte ich nie tun, nie! Meine Kinder haben mir alles bedeutet.«

»Ich muss Ihnen diese Fragen stellen. Haben Sie sich immer Kinder gewünscht?«

»Ja, immer, es war von Anfang an klar, dass wir Kinder haben wollten. Ein Leben ohne Kinder, das geht nicht, da fehlt etwas.«

»Hatten Sie einen herzlichen Umgang mit den beiden?«

»Ja, natürlich, wir haben vieles zusammen unternommen. Ich habe sie oft in den Betrieb mitgenommen, besonders Noah liebte es, mich auf die Baustellen zu begleiten. Wir hatten es alle sehr gut miteinander. Oder wir gingen schwimmen, machten Ausflüge mit dem Velo ... einmal sind wir auch nach Rust gefahren, in den Europa-Park.«

»Waren Sie ein strenger Vater?«

»Nein. Was heißt schon streng? Vera war eine gute Erziehung wichtig, das schon. Ich war etwas weniger streng als sie.«

»Wie viel Zeit verbrachten Sie mit Ihren Kindern? Ich stelle mir vor, dass Sie als selbstständiger Unternehmer viel zu tun haben.«

»Ich arbeite etwa neuneinhalb, zehn Stunden am Tag. Um sechs Uhr morgens gehe ich aus dem Haus und um sechs Uhr abends bin ich wieder zurück. Dann essen wir zu Abend, ich gehe duschen. Anschließend nehme ich mir Zeit, um mit den Kindern zu spielen. Wenn ich sie zu Bett bringe, lege ich mich oft noch eine Weile zu ihnen. Wir haben gerne herumgealbert.«

»Gab es mit Ihren Kindern Probleme irgendwelcher Art, in der Schule, im Quartier, mit Nachbarn?«

»Nein, wie ich schon sagte, es waren sehr liebe Kinder, genügsame Kinder, sie machten keine Probleme.«

»Hatten die Kinder viele Freunde?«

»Sie kamen mit ihren Klassenkameraden gut aus, aber sie spielten eigentlich am liebsten miteinander.«

»Herr Scherrer, ich möchte mit Ihnen noch einmal über die letzte Nacht sprechen.«

»Ich wünschte, es hätte sie nie gegeben.«

»Sie haben von Viertel vor elf bis um circa halb vier Uhr durchgeschlafen, bis Ihre Frau Sie geweckt hat?«

»Ja. Ich habe in der Regel einen tiefen Schlaf.«

»Und Ihre Frau?«

»Auch sie hat keinen Grund zur Klage, aber manchmal nimmt sie eine Schlaftablette, weil sie nicht einschlafen kann. Es ist schon eher sie, die aufwacht, wenn eines der Kinder ruft.«

»Sie haben mir vorhin erzählt, dass Sie 5000 Franken in einer Schublade aufbewahren …«

»Die hat er nicht gefunden.«

»Wusste jemand, dass Sie so viel Bargeld zu Hause haben? Haben Sie je mit jemandem darüber gesprochen?«

»Nein, das wusste keiner. Ich spreche nicht über Geld.«

»Es hat auch nie jemand Fragen gestellt?«

»Nein.«

»Wurden Sie jemals bedroht?«

»Wie meinen Sie das?«

»Gibt es Personen, die Sie belästigt haben? Vielleicht gab es Meinungsverschiedenheiten wegen eines Auftrags Ihrer Firma. Oder Streit um ein Erbe. Gab es mit jemandem aus Ihrem Umfeld eine Auseinandersetzung?«

»Sie glauben, dass wir den Täter kennen?«

»Erinnern Sie sich an eine Meinungsverschiedenheit? An einen Streit, der vielleicht schon weit zurückliegt, der Ihnen gar nicht wichtig erscheint, der anderen Person aber womöglich schon?«

»Hmm. Mir fällt nichts ein. Sie meinen, jemand hat meine Kinder getötet, um mir damit zu schaden?«

»Wir prüfen alle Möglichkeiten.«

»Ich wüsste nicht, wer so etwas tun könnte. Ich kenne niemanden, der dazu fähig wäre.«

»Ihre Kunden waren immer zufrieden mit Ihnen?«

»Es gab natürlich schon hin und wieder Diskussionen, aber wir konnten immer alles einvernehmlich lösen.«

»Und Ihre Frau, Vera? Gibt es in ihrer Familie Streit? Oder kennen Sie jemanden, der ihr schaden will?«

»Meine Frau ist eine liebe, fürsorgliche Person. Sie hat keine Feinde. In ihrer Familie hatte sie es zwar nicht leicht, aber das liegt weit zurück. Es gibt niemanden, der ihr Leid zufügen will.«

»Haben Sie in letzter Zeit jemanden beobachtet, der sich auffällig verhielt, der womöglich das Haus observierte oder die Gegend auskundschaftete?«

»Nein, aber ich habe auch nicht darauf geachtet. Mir ist nichts aufgefallen. Ich kann Ihnen leider wirklich nicht helfen. Und ich möchte endlich meine Frau sehen. Kann ich jetzt nach Hause?«

»Es tut mir leid, ich kann Sie nicht gehen lassen. Bisher habe ich Sie als Auskunftsperson befragt. Aber ich kann nicht ausschließen, dass Sie selbst etwas mit der Tat zu tun haben. Daher werde ich Sie fortan als Tatverdächtigen befragen. Ich empfehle Ihnen, nun von Ihrem Recht auf einen Anwalt Gebrauch zu machen. Kennen Sie einen Anwalt?«

»Nein. Ich verstehe das nicht. Ich war das nicht!«

»Sie bekommen von Amts wegen einen Verteidiger zur Seite gestellt.«

»Bedeutet das, dass Sie mich jetzt einsperren lassen oder was?«

»Sie werden wegen Verdachts der Tötung Ihrer beiden Kinder Sophie und Noah vorläufig festgenommen und innerhalb von vierundzwanzig Stunden dem Haftrichter vorgeführt. Danach wird das Strafmaßnahmengericht darüber entscheiden, ob Sie in Untersuchungshaft kommen. Haben Sie Bemerkungen dazu?«

»Was soll ich dazu sagen? Ich kann nur sagen, Sie irren sich. Es ist nicht richtig, was Sie tun. Das heißt, ich kann nicht nach Hause gehen?«

»Nein, Sie müssen hierbleiben.«

Lena Brunner

Wachtmeisterin bei der Kantonspolizei

M ein Kollege Philipp Bühler und die Sanitäter waren schon vor Ort, als ich im Ahornweg 8 eintraf. Philipp führte gerade eine Nachbarin aus der Wohnung, die geweckt worden war, ich habe sie später befragt. Neben der Wohnungstür standen Blumen, dahinter lag ein langer Gang. Eine Fünfzimmerwohnung. Rechts die Toilette, ein Badezimmerteppich lag zusammengefaltet auf dem WC-Deckel, das fand ich eigenartig.

Dann das erste Kinderzimmer. Das Mädchen lag vor dem Bett auf dem Boden, die Sanitäter versuchten noch immer, es wiederzubeleben, aber es war zu spät, das war offensichtlich, dennoch haben sie es weiter und weiter versucht. Im anderen Zimmer lag der Bub, hellblauer Pyjama. Er sah so unschuldig aus. Die Körper der Kinder wirkten schrecklich klein und zerbrechlich. In solchen Momenten bin ich froh, dass ich selbst keine Kinder habe. Das wäre sonst schwer zu ertragen.

Philipp sagte mir, der Vater habe von einem Einbrecher gesprochen, von einem Fenster, das offen gestanden habe – doch durch jenes Fenster könne niemand eingestiegen sein, es gebe keine Einbruchspuren. Also schaute ich mich zuerst einmal in der Wohnung um. Sie war extrem sauber und ordentlich. Ehrlich gesagt, habe ich noch nie eine derart sterile Wohnung gesehen, insbesondere die Kinderzimmer waren penibel aufgeräumt. Die Spielzeugautos zum Beispiel; sie waren akribisch aufgereiht und exakt drapiert, fast schon militärisch präzise, pedantischer als in einem Museum. Im Schrank lag die Kleidung der Kinder, die Socken, die Badetücher millimetergenau auf den Regalen ausgerichtet. Dasselbe ordentliche Bild in der Küche, im Tellerschrank, in der Besteckschublade. An den Wänden hingen keine Bilder, die Räume wirkten kahl. Überhaupt hinterließ die Wohnung bei mir den Eindruck, als würde darin nicht wirklich gelebt. Sie sah aus wie die Wohnungen auf den Bildern von Architekturzeitschriften, alles schön inszeniert, doch gleichzeitig wirkten die Räume tot und unbelebt. Seelenlos. Es roch nach nichts. Dabei haben Wohnungen doch immer ihren eigenen Geruch, nach den Menschen, die darin leben.

Natürlich war die Szenerie, die sich mir in jener Nacht darbot, vollkommen außerordentlich: die Sanitäter, die zwei Kinderleichen, die verzweifelten Eltern – das mag meine Wahrnehmung beeinflusst haben. Aber wohl war es mir nicht in diesen kargen, geruchlosen Zimmern.

In der Wohnung waren einzelne Dinge in Unordnung gebracht worden; im Flur stand die Schublade des Schuhschranks offen, es sah aus, als habe jemand darin gewühlt, im Büro war eine Tasche auf dem Sofa ausgeschüttet worden, Kleidung lag zusammengefaltet vor den Schränken auf dem Boden.

Aber auch hier hatte ich ein seltsames Gefühl und dachte, dass ein Einbrecher doch nicht einfach einen Stapel Kleidung aus dem Schrank nehmen würde und ihn dann ordentlich danebenstellt. Ich bin seit zwanzig Jahren im Dienst und habe schon einige Wohnungen nach Einbruchdiebstählen gesehen, aber ein solches Bild habe ich noch nie angetroffen. Es war mir von Anfang an klar, dass hier etwas falsch war. Es war zu untypisch. In der Regel nehmen sich Einbrecher die Küche und das Schlafzimmer vor, doch in dieser Wohnung waren die besagten Räume nicht mal durchsucht worden. Und vor allem: Einbrecher gehen nicht sorgsam vor – sie nehmen Gegenstände nicht vorsichtig aus den Schränken und legen sie behutsam daneben, sondern durchwühlen in der Regel alles hastig. Die Unordnung war zu wenig unordentlich. Als hätte hier ein Ordnungsfanatiker versucht, unordentlich zu sein.

Darum bin ich der Meinung: Das war kein Einbruch. Hier ist niemand eingestiegen. Das sagt mir mein Bauchgefühl, und das bestätigt meine Erfahrung.

Meine Aufgabe war dann, mich um die Eltern zu kümmern. Ich führte sie zu den Nachbarn ein Stockwerk höher, die angeboten hatten, Kaffee zu kochen. Als wir oben waren, überbrachte die Ärztin die Nachricht, dass sie auch das Mädchen nicht mehr retten konnten. Die Eltern wirkten erschüttert und traurig, sie weinten und stellten immer wieder die gleichen Fragen; wie das sein könne, wer so etwas tue … Der Vater nahm seine Frau in die Arme, auch er weinte, wie sie so dasaßen. Aber sie fassten sich relativ schnell wieder und begannen mir vom Vortag zu erzählen. Sie hätten einen schönen Tag mit den Kindern verbracht, einen Familientag, der Vater habe mit ihnen einen langen Spaziergang gemacht. Sie berichteten mir, dass sie die Kinder um neun ins Bett gebracht hätten und selbst etwa um elf schlafen gegangen seien. Dann schilderte mir der Vater, wie er von seiner Frau geweckt wurde und die toten Kinder entdeckte. Er sprach die ganze Zeit von einem Einbruch. Er war mal fassungslos und traurig, dann wieder ruhig. Die verschiedenen Stimmungen wechselten sich ab. Ich hatte den Eindruck, dass die Mutter etwas gefasster wirkte, was mich ein wenig erstaunte. Aber das hat nichts zu bedeuten. Menschen reagieren auf unterschiedlichste Weise auf eine solche Katastrophe.

Wir haben die Eltern noch vor Ort voneinander getrennt,

beide wurden von der Ärztin des Rechtsmedizinischen Instituts untersucht. Sowohl der Vater wie auch die Mutter verhielten sich kooperativ.

Als ich den Vater darauf ansprach, dass es meiner Meinung nach nicht nach einem typischen Einbruch aussehe, mutmaßte er schnell, dass wir ihn zu den Verdächtigen zählten. Doch er verhielt sich weiterhin kooperativ und bemühte sich, alle Fragen zu beantworten. Er wurde immer wieder von seinen Gefühlen übermannt, einmal wurde er von einem regelrechten Weinkrampf geschüttelt, er beteuerte, dass er die Kinder liebe und ihnen nichts antun würde. Er fragte, wer auf dieser Welt fähig sei, zwei unschuldige Kinder umzubringen.

Ich hoffe, dass wir die Antwort darauf bald kennen werden.

2. Befragung

Anwesende:
Belinda Schwarz, polizeiliche Sachbearbeiterin,
Bernhard Scherrer, Beschuldigter,
sowie Pflichtverteidiger Markus Kerner

Guten Tag, die Herren. Fürs Protokoll merke ich an, dass Herr Bernhard Scherrer fortan als Tatverdächtiger befragt und durch Rechtsanwalt Markus Kerner vertreten und begleitet wird. Als Tatverdächtiger sind Sie nicht zur Aussage verpflichtet. Ich weise Sie darauf hin, dass Ihre Handlungen und Aussagen im Beweisverfahren gegen Sie verwendet werden können. Und dass Sie sich strafbar machen, wenn Sie falsche Anschuldigungen aussprechen, die Rechtspflege irreführen oder jemanden begünstigen. Haben Sie das verstanden?«

»Ich verstehe nicht, warum Sie mich verdächtigen. Das macht doch überhaupt keinen Sinn.«

»Aber haben Sie verstanden, worauf ich Sie hingewiesen habe?«

»Ja, ich habe verstanden.«

»Dann führe ich die Befragung fort. Haben Sie etwas schlafen können?«

»Sie haben mich über Nacht in eine Zelle gesteckt, als wäre ich ein Verbrecher, und dann fragen Sie, ob ich geschlafen habe? Wie soll ich da schlafen können?«

»Wir ermitteln in alle Richtungen, im Moment können wir niemanden von einem Verdacht ausschließen, auch Sie nicht. Zudem wäre es nicht sinnvoll, wenn Sie und Ihre Frau miteinander sprechen könnten und sich die Erinnerungen an die vorletzte Nacht vermischen. Darum mussten Sie hierbleiben.«

»Haben Sie schon etwas herausgefunden?«

»Wir arbeiten daran. Wenn Sie uns unterstützen wollen, beantworten Sie bitte unsere Fragen.«

»Natürlich. Entschuldigung, es ist nur … wir sind die Opfer. Nicht die Täter! Aber fragen Sie, wenn es hilft, ich will, dass Sie den Täter finden.«

»Sie haben erwähnt, dass schon früher bei Ihnen eingebrochen worden ist, noch in der alten Wohnung. Wann und wo war das?«

»Wir wohnten damals schon im Dorf, aber in der Haslerstrasse. Es wurde zwei Mal eingebrochen, das muss vor etwa sieben oder acht Jahren gewesen sein.«

»Wie war das damals? Hat man den Einbrecher gefasst?«

»Nein, leider nicht. Beim ersten Einbruch war es fast wie dieses Mal. Auch damals hat mich Vera mitten in der Nacht geweckt. Sie müssen wissen, ich habe einen tiefen Schlaf. Mich könnte man davontragen, ich würde nicht aufwachen. Sie rüttelte mich und sagte, da sei jemand. Es brannte Licht in der Wohnung. Ich griff mir meine Ordonnanzwaffe, ein Sturmgewehr, das damals unter meinem Bett lag, und stand auf. In der Wohnung herrschte eine schreckliche Unordnung, die Balkontür stand weit offen, sie war aufgebrochen worden. Meine Kreditkarte war weg, später stellte ich fest, dass noch in der gleichen Nacht Geld abgehoben worden war.«

»Wo hatten Sie den PIN-Code aufbewahrt?«

»Auf einem Zettel in der Schreibtischschublade im Büro. Ich habe die Karte dann sperren lassen, und beim nächsten Versuch, damit Geld abzuheben, wurde sie eingezogen.«

»Die Polizei hat den Täter nicht ermittelt?«

»Nein.«

»Und sonst kam nichts weg?«

»Ich glaube nicht.«

»Und beim zweiten Einbruch?«

»Da wurde gar nichts gestohlen.«

»Es wurde nichts gestohlen?«

»Nein.«

»Haben Sie den Einbrecher überrascht und vertrieben?«

»Nein, ich glaube nicht, ich hätte es zumindest nicht gemerkt.«

»Die Einbrüche waren der Grund, warum Sie umgezogen sind?«

»Ja, wir haben uns in der Wohnung nicht mehr sicher gefühlt. Und es war die Wohnung, in der Mira gestorben war. Es war gut, dort wegzugehen.«

»Über Miras Tod möchte ich mich später mit Ihnen unterhalten. Zunächst noch einmal zurück zum Einbruch von vorletzter Nacht. Ich will ganz offen zu Ihnen sein: Wir haben keine Einbruchspuren gefunden. Die Kriminaltechnik untersucht derzeit das Türschloss, die Ergebnisse liegen noch nicht vor. Aber die Spurensicherung schließt aus, dass ein Einbrecher durch das Fenster eingestiegen ist. Sie sagten, Sie hätten es schräg gestellt?«

»Ja, aber als ich aufwachte, stand es weit offen!«

»Dennoch, es gab keine Spuren. Durchs Fenster ist niemand eingestiegen. Was sagen Sie dazu?«

»Dann muss der Einbrecher auf andere Weise in die Wohnung gelangt sein.«

»Hat jemand einen Zweitschlüssel für die Wohnung?«

»Vera hat einen Schlüssel, ich habe einen Schlüssel und meine Mutter hat einen Schlüssel, sie gießt unsere Zimmerpflanzen, wenn wir mal verreisen. Und ein Reserveschlüssel hängt immer im Küchenschrank.«

»Herr Scherrer, sind Sie sicher, dass es einen Einbrecher gab?«

»Natürlich gab es einen Einbrecher! Wer sonst soll meine Kinder getötet haben? Ich war das nicht. Niemals würde ich meinen Kindern etwas antun.«

»Hatten Sie je das Gefühl, dass die Kinder Ihrer Frau im Weg waren?«

»Meiner Frau? Sie denken, dass Vera unseren Kindern das angetan hat? Niemals. Das ist undenkbar. Sie hat die Kinder geliebt. Sie haben ihr alles bedeutet. Nein, ich habe absolut nicht das Gefühl, dass die Kinder Vera im Weg waren. Sie hatte immer einen guten, schönen, herzlichen Umgang mit Noah und Sophie.«

»Waren Ihnen die Kinder manchmal lästig?«

»Nein, warum sollten sie mir lästig gewesen sein? Wir waren eine zufriedene Familie, die Familie war meine Insel.«

»Manchmal scheint eine Mutter dem Ehemann nach der Geburt der Kinder … wie soll ich sagen, irgendwie abhandenzukommen, weil sie nur noch für die Kinder da ist.«

»Nein, das war nicht so. Vera umsorgte uns, ihr war wichtig, dass es uns allen gut ging, man spürte, dass sie uns gernhat. Mir fehlen die Worte, dass Sie uns ernsthaft verdächtigen, unsere eigenen Kinder umgebracht zu haben. Wir waren das nicht. Es muss jemand eingebrochen sein. Ich bin sicher, dass Sie etwas übersehen haben. Sie müssen herausfinden, wer das war!«

»Sie zeichnen ein Bild einer perfekten Familie, aber keine Familie ist perfekt. Sie würden uns wirklich helfen, wenn Sie ehrlich zu uns sind.«

»Ich bin ehrlich zu Ihnen!«

»Es gab keine Schwierigkeiten in Ihrer Ehe, in Ihrer Familie, gar nichts? Immer Friede, Freude, Eierkuchen? Das glaube ich Ihnen nicht.«

»Im ersten Ehejahr, das ist schon sehr lange her, hat mir Vera mal gesagt, dass sie die Koffer packt und geht. Wir hatten eine Krise, weil sie unter Heimweh litt, sie war unzufrieden. Das war, bevor wir Kinder hatten. Doch am nächsten Tag hat sie sich entschuldigt und war wie ein umgestülpter Handschuh, wieder sehr anhänglich, von Trennung keine Rede mehr. Das hatte sie manchmal; ein Tief. Aber es folgte stets erneut ein Hoch, sie fing sich jeweils schnell wieder. Das ist doch ganz normal.«

»Kam das oft vor? Dass sie von Trennung sprach?«

»Nein.«

»Wann zum letzten Mal?«

»Das war im November, aber nicht ernst gemeint. Noah und Sophie und ich haben herumgealbert, da hat mich Sophie ans Schienbein getreten. Vera ist schrecklich wütend geworden und hat gesagt, sie würde uns alle alleine lassen, den Koffer packen und gehen. Aber das geschah aus dem Moment heraus, ich habe sie nicht ernst genommen. Einmal sagte ich ihr im Streit, sie müsse sich entscheiden, was sie wolle. Da klagte sie, sie stemme den gesamten Haushalt und erledige die ganze Büroarbeit im Betrieb – dabei ist das kein sehr großer Aufwand. Doch es war klar, dass wir darüber reden mussten. Wir haben das in einem Gespräch geklärt, aber es war letztlich nicht mehr als ein blöder, kleiner Streit. Ich will hier keinen falschen Eindruck erwecken: Vera ist grundsätzlich ein überaus fröhlicher Mensch. Wir hatten es sehr gut miteinander.«

»Was wäre im Falle einer Trennung mit den Kindern geschehen?«

»So konkret haben wir nie über eine Trennung geredet. Nach dem Streit haben wir uns ein bisschen umorganisiert, damit sie mir weniger Arbeit abnehmen musste. Nur einmal sagte sie, sie sei mit den Kindern überfordert. Da diskutierten wir darüber, ob wir für die beiden einen Mittagstisch, also eine Betreuung über Mittag, organisieren könnten. Aber irgendwann war das dann kein Thema mehr. Dabei hätte es Vera gutgetan, wenn sie etwas mehr unter die Leute gekommen wäre. Aber sie wollte die Kinder nicht in fremde Obhut geben.«

»War sie eine überfürsorgliche Mutter?«

»Nein, sie war eine umsorgende Mutter. Sie war eine super Mutter. Und ich war ein guter Vater. Warum suchen Sie nicht nach dem Einbrecher, statt mir all die Fragen zu stellen? Ich möchte meine Frau sehen. Ich möchte, dass Sie mich zu ihr bringen. Um Himmels willen, wir haben gerade unsere Kinder verloren, und Sie erlauben uns nicht mal, dass wir uns sehen dürfen. Wo leben wir hier eigentlich? Es ist doch mein Recht, meine Frau zu sehen!«

»Herr Scherrer, Sie sind Tatverdächtiger in diesem Verfahren und Ihre Frau ebenfalls. Es besteht Verdunkelungsgefahr. Sie können Ihre Frau also vorerst nicht sprechen.«

»Das wird Konsequenzen haben. Sie können doch nicht einen trauernden Vater verhaften. Und die trauernde Mutter mit dazu.«

»Doch, genau das können wir.«

Maurice Camenzind

Stellvertretender Leiter des
Wissenschaftlichen Dienstes bei der Kantonspolizei

Als wir am Tatort eintrafen, schauten wir uns zuerst einmal um. Das machen wir immer so, der erste visuelle Eindruck ist wichtig. Dafür nahmen wir uns einen Moment Zeit. Als Nächstes machten wir uns auf die Suche nach den besonders gefährdeten Spuren, die schnell zerstört werden: die Fußspuren – jene draußen vor dem Haus und jene drinnen in der Wohnung.

Die Wohnung der Scherrers liegt im ersten Stock, der Rasen darunter war von Raureif überzogen. Wir stellten keine Verletzungen dieser Schicht fest, was bedeutet, dass ihn niemand betreten hat, denn sonst wären noch Stunden später Spuren sichtbar gewesen. Auch neben dem Rasen und auf den Gehwegen haben wir rein gar nichts gefunden, also setzten wir die Suche nach Fußspuren drinnen fort.

Auf Teppichen sind Abdrücke von Schuhen relativ lange erkennbar, auf Parkett können wir sie teils wieder sichtbar machen. Aber auch hier: Fehlanzeige, keine Spuren.

Anschließend ließen wir zunächst den Fotografen seine Arbeit tun, der sowohl seine herkömmliche wie auch eine 3-D-Kamera einsetzte, wodurch der Tatort später virtuell wieder begangen werden kann, selbst nachdem er verlassen worden ist. Erst als unser Fotograf den Tatort fertig dokumentiert hatte, begannen wir im Zimmer des Jungen mit der Spurensicherung.

Noah.

Es ist schwierig, wenn es um Kinder geht. Das lässt keinen kalt.

Der Bub lag auf dem Bett und hatte ein Kuscheltier im Arm. Es sah nicht danach aus, als hätte ein Kampf stattgefunden. Das Bett war mit einem Spannbetttuch bezogen, die Decke lag zurückgeschlagen im Fußbereich. Wir untersuchten den Körper des Jungen auf Mikrospuren, das heißt: Wir klebten bestimmte Körperstellen wie die Hände, das Gesicht und auch den Pyjama zonenweise mit Klebestreifen ab. Daran bleiben kleinste Spuren kleben, die später im Labor analysiert werden. Wir entnahmen dem Buben auch den Fingernagelschmutz, um ihn auf fremde DNA zu untersuchen. Falls sich das Kind gewehrt hat, ist es möglich, dass es den Täter gekratzt hat und wir unter seinen Nägeln schnell eine vielversprechende DNA-Spur finden.

Das gilt allerdings nur, wenn der Täter ein Fremder war. Wurde das Delikt von einem Elternteil begangen, wird es schon schwieriger mit der Beweisführung, denn die DNA der Eltern kann sich auch nach einer ganz normalen Alltagssituation am Kind befinden, in dem Fall ist die DNA noch lange kein Beweis für eine allfällige Täterschaft.

Mir fiel auf, dass das Zimmer des Jungen sehr ordentlich war, einzig neben dem Schrank lag ein Stapel Kleidung auf dem Boden.

Als wir die Spurensicherung beim Jungen abgeschlossen hatten, wiederholten wir das Prozedere beim Mädchen. Sophie befand sich neben dem Bett auf dem Boden. Man sah, dass die Rettungskräfte hier gearbeitet hatten, es lag noch etwas Material herum, aufgerissene Verpackungen, Spuren der Reanimation, aber ansonsten wirkte das Zimmer des Mädchens ebenso aufgeräumt wie das seines Bruders. Nur vor dem Wandschrank, da lagen ebenfalls einzelne

Kleidungsstücke ordentlich auf dem Boden. Die Bettwäsche, die Kleidung der Kinder sowie die Kleidungsstapel auf dem Boden haben wir sichergestellt und mitgenommen, sie werden im Labor untersucht werden. Auch vom Teppich, auf dem Sophie lag, haben wir Material entnommen, um allfällige Faserspuren zu vergleichen. Allerdings haben wir weder beim Mädchen noch beim Jungen im Mund- und Nasenbereich eine Häufung von Textilfasern festgestellt, auch nicht unter ihren Fingernägeln. Einzig am Jungen fanden wir einzelne Fasern der Bettwäsche, aber nicht auffallend viele.

In der Küche haben wir einen roten Plastiksack sichergestellt, an dem wir zwei Fingerabdrücke fanden, der Zeige- und der Ringfinger von Frau Scherrer, der Mutter, wie sich später herausstellte. Wir haben verschiedene weitere Gegenstände mitgenommen, um sie im Labor spurentechnisch zu untersuchen, zum Beispiel Visitenkarten, ein Portemonnaie, diverse Schlüssel, das Zylinderschloss der Haustür, Trinkgläser et cetera. Die Fensterrahmen, die Fenstergriffe, die Fliegengitter, die Fensterbänke, die Griffe der offen stehenden Schränke, sämtliche Türklinken haben wir noch in dieser ersten Nacht vor Ort auf DNA-Spuren und Fingerabdrücke untersucht.

Wenige Tage später sind wir für eine ergänzende Spurensuche an den Tatort zurückgekehrt. Dieses Mal ging es in erster Linie darum, ob sich die These halten ließ, dass ein Einbruch stattgefunden habe. Uns fiel dabei ein Badezimmerteppich auf, der gefaltet auf der geschlossenen Kloschüssel lag, das erschien uns besonders seltsam, weil der Rest der Wohnung übertrieben ordentlich wirkte. Der Teppich wies eine raue Unterseite auf, die zu einem musterähnlichen Abdruck auf der Wange des toten Mädchens passen könnte. Wir haben ihn umgehend ans Institut für Rechtsmedizin geschickt, damit sie einen Abgleich vornehmen können.

Wir haben uns ein zweites Mal den Sims des Fensters angeschaut, das angeblich offen gestanden haben soll. Darauf lag eine ältere Schmutzschicht, unversehrt, es war offensichtlich, dass dort niemand reingeklettert ist. Trotzdem haben wir der Mauerkante unter der Fensterbank Mikroproben entnommen, Resultat: negativ. Wir haben keine Fasern gefunden. Wäre dort tatsächlich jemand drübergestiegen, dann wären der Schmutzfilm verwischt und Faserspuren zu erwarten gewesen. Überdies waren das Fenster und der Rahmen unversehrt, daran hat sich niemand zu schaffen gemacht. Auch besaß die Schließvorrichtung einen höheren Standard als bei Fenstern für gewöhnlich üblich. Wir hätten etwas gefunden, wenn sich hier jemand Zutritt verschafft hätte.

Aber um wirklich auf Nummer sicher zu gehen, haben wir dann doch noch einen Einbruch nachgestellt: Wir lehnten eine Leiter an die Mauer, ein Kollege stieg hoch und kletterte so vorsichtig wie möglich durch das Fenster in die Wohnung – es gelang ihm nicht, keine Spuren zu hinterlassen. Die Schmutzschicht war nach dem Experiment verwischt, und im Rasen zeichneten sich die Druckstellen der Leiter deutlich ab. Wir haben überdies die nähere Umgebung nach Leitern abgesucht und zwei Häuser weiter tatsächlich eine gefunden. Die Abdrücke an Boden und Wand zeigten aber, dass die Leiter schon seit einiger Zeit nicht mehr bewegt worden ist. Womit auch diese These gestorben war.

Im Labor haben wir schließlich das Türschloss eingehend untersucht. Es handelt sich um ein Zylinderschloss, genauer: um einen Doppelzylinder mit Sicherheitsrosette. Dabei galt es, drei Fragen zu beantworten: Kann die Tür aufgeschlossen werden, wenn auf der Innenseite ein Schlüssel steckt, wie es in der Nacht der Fall gewesen sein soll? Wurde das Schloss auf eine andere Weise geöffnet? Wurde jemals eine Kopie eines Schlüssels angefertigt?

Zum Schloss im Ahornweg 8, Wohnung rechts im ersten Stock, gibt es vier Originalschlüssel. Wir haben sie alle sichergestellt und untersucht. Es sind sehr hochwertige Schlüssel, die sich nicht einfach so kopieren lassen. Eine Anfrage beim Hersteller hat ergeben, dass nie eine Kopie der Schlüssel angefertigt worden ist – die Firma kann das mit Sicherheit sagen, weil es bei einem der Originalschlüssel Spuren hinterlassen hätte, wenn einer nachgemacht worden wäre. Und das war nicht der Fall.

Mit verschiedenen Tests fanden wir heraus, dass man die Tür von außen aufschließen kann, wenn von innen der Schlüssel exakt hochkant ausgerichtet ist. Dann gelingt es, den Schlüssel drinnen um 2,25 Millimeter hinauszudrücken, sodass sich der Schlüssel von außen drehen lässt. Ist der Schlüssel jedoch nicht ganz exakt hochkant ausgerichtet, dann ist es unmöglich, die Tür von der anderen Seite aufzuschließen, weil man von außen den Schlüssel nicht weit genug hineinstoßen kann. Man kann ihn schlicht nicht drehen.

Drei der vier Schlüssel zu der Tür befanden sich in der Wohnung, einer bei den Großeltern der Kinder. Mehr gibt es nicht, und die Schlüssel wurden niemals kopiert. Daher schließen wir aus, dass die Tür in der Nacht mit einem Nachschlüssel aufgeschlossen worden ist.

Bleibt die Frage, ob die Tür anders geöffnet wurde. Um das herauszufinden, haben wir das Schloss auseinandergenommen und in alle Einzelteile zerlegt. Es fand sich nicht die kleinste Spur, nicht eine einzige Kerbe, einfach nichts, das darauf hindeutet, dass das Schloss gewaltsam aufgebrochen worden sein könnte. All die Dinge, die in den Krimis stehen, dass es kurz mal klick macht und ein Schloss geknackt ist, sind reine Phantasie. Das funktioniert höchstens bei ganz einfachen Schlössern, aber bei einem komplexen Schloss mit Doppelzylinder ist das sehr, sehr schwierig. Das Schloss zu knacken, ohne auch nur die geringste Spur zu hinterlassen, ist gar unmöglich. Daher kann ich mit an Sicherheit grenzender Wahrscheinlichkeit sagen: Weder wurde die Tür mit einem kopierten Schlüssel geöffnet noch wurde das Schloss aufgebrochen.

Ich komme also zum Schluss. Wir haben alles mehrfach auf Hinweise untersucht, die auf ein gewaltsames Eindringen in die Wohnung hindeuten könnten, aber wir haben nichts gefunden, weshalb ich festhalte: Die These eines Einbruchs ist für uns absolut unglaubwürdig. Meiner Meinung nach hat es hier keinen Einbruch gegeben – was bedeutet, dass sich kein Fremder in der Wohnung befunden hat.

Es ist nicht an mir, die Spurenlage zu interpretieren. Aber ich bin sicher, meine Kolleginnen und Kollegen von der Abteilung Leib und Leben werden die gleichen Schlüsse ziehen: Ich gehe davon aus, dass die Kinder ihren Mörder gekannt haben. Und dass er sich bereits in der Wohnung befand.

3. Befragung

Anwesende:
Belinda Schwarz, polizeiliche Sachbearbeiterin,
Bernhard Scherrer, Beschuldigter,
sowie Pflichtverteidiger Markus Kerner

G uten Morgen, Herr Scherrer.«
    »Gibt es Neuigkeiten?«

»Die Ergebnisse der Spurensicherung liegen vor.«

»Haben Sie etwas herausgefunden?«

»Ja, das haben wir. Bei Ihnen ist nicht eingebrochen worden.«

»Das kann nicht sein.«

»Doch. Die Spurenlage ist eindeutig. Es fand kein Einbruch statt – aber jemand wollte es so aussehen lassen, als ob jemand eingestiegen sei.«

»Das ist unmöglich, absolut unmöglich. Sie haben etwas übersehen!«

»Glauben Sie mir, das haben wir nicht. Die Spurensicherung hat alles untersucht, sie war mehrmals vor Ort und hat nichts gefunden, das auf einen Einbruch hindeuten würde. Nicht die kleinste Spur.«

»Der Mann ist durch das Fenster eingestiegen!«

»Durch das Fenster kann niemand eingestiegen sein.«

»Warum sind Sie sich so sicher?«

»Auf dem Sims lag ein Schmutzfilm, der wäre verwischt gewesen, unter dem Fenster im Raureif fanden sich keine Spuren, weder von Fußabdrücken noch von einer Leiter.

Herr Scherrer, bei Ihnen ist nicht eingebrochen worden. Sie wissen, was das bedeutet?«

»Die Tür, er muss die Tür aufgebrochen haben, oder er hatte einen Dietrich!«

»Das Türschloss und alle vier Schlüssel wurden genau untersucht. Es wurde keiner nachgemacht, und das Schloss ist auch nicht aufgebrochen worden.«

»Sie müssen sich irren.«

»Bei Ihnen wurde nicht eingebrochen. Es war kein Fremder in der Wohnung. Es sieht nicht gut aus für Sie.«

»Wie meinen Sie das? Wollen Sie behaupten, dass ich meine Kinder getötet habe? Ernsthaft jetzt? Ich versichere Ihnen, es muss jemand in der Wohnung gewesen sein. Ich bringe doch nicht meine eigenen Kinder um! Ich schwöre, dass ich meinen Kindern nichts angetan habe. Sie müssen weitersuchen!«

»Ich möchte mit Ihnen noch einmal über Ihre Beziehung zu Ihrer Frau sprechen.«

»Sie können mich noch hundert Mal fragen. Wir hatten eine schöne Beziehung!«

»Ihre Frau hat uns erzählt, dass sie gesundheitliche Probleme hatte.«

»Ja, das stimmt. Sie hatte es nicht einfach.«

»Was hatte sie für Probleme?«

»Das hat sie Ihnen bestimmt selbst gesagt.«

»Ich möchte aber, dass Sie es mir erzählen.«

»Ich verstehe nicht, was das bringen soll. Aber gut. Nach der Geburt von Sophie hat Vera zugenommen. Massiv zugenommen.«

»Ich habe Bilder gesehen. Sie scheint schwer übergewichtig gewesen zu sein.«

»Ja, aber nicht immer. Wie gesagt, erst nach Sophies Geburt fing es an. Sie bekam das Gewicht, das sie aus der

Schwangerschaft mitbrachte, nicht wieder runter und nahm weiter zu. Wenig später war sie erneut schwanger, mit Noah, und wurde natürlich noch dicker. Nachdem sie ihn geboren hatte, versuchte sie es mit zahlreichen Diäten, aber es brachte alles nichts.«

»Also ließ sie sich operieren.«

»Sie ließ sich ein Magenband einsetzen. Ich war zuerst dagegen. Aber sie wünschte es sich sehr, sie litt unter ihrem Gewicht. Also ließ ich mich überzeugen. Doch bei der Operation ist etwas schiefgelaufen. Sie musste danach wieder und wieder ins Spital, noch einmal unters Messer. Es kamen auch weitere Beschwerden hinzu, die Krampfadern, Gallensteine. Und einmal wurde sie mit Verdacht auf eine Blinddarmentzündung eingeliefert. Sie hat nicht die beste Gesundheit, aber sie hat das alles tapfer durchgestanden.«

»Wer hat sich um die Kinder und um den Haushalt gekümmert, wenn Ihre Frau im Krankenhaus war?«

»Meine Eltern haben die Kinder jedes Mal zu sich genommen. Das hat gut funktioniert, sie wohnen ja im gleichen Dorf. Ich habe auch bei ihnen essen können.«

»Haben die Krankheiten Ihrer Frau die Beziehung belastet?«

»Es war sicher nicht unsere einfachste Zeit, aber wir haben auch das gemeinsam durchgestanden.«

»Und wie war das für Sie, plötzlich eine übergewichtige Frau zu haben?«

»Ich weiß nicht, worauf Sie hinauswollen. Das ändert doch nichts daran, dass ich sie liebe. Ich habe sie gern, egal, wie sie aussieht.«

»Sie haben sich auch damals keine außereheliche Affäre gesucht?«

»Nein, natürlich nicht.«

»Heute ist Ihre Frau wieder schlank.«

»Ja, nach der zweiten Operation ging es ihr besser, da begann sie sehr schnell abzunehmen.«

»Wenn ich die Bilder von vorher und nachher vergleiche, muss sie sicher vierzig Kilo verloren haben. Hat sie sich verändert, als sie so massiv Gewicht verlor?«

»Es ging ihr auf jeden Fall besser, aber auch, weil sie nicht mehr krank war.«

»Hat sich in Ihrer Beziehung zueinander etwas geändert?«

»Ich verstehe wirklich nicht, warum Sie mir all die Fragen stellen.«

»Antworten Sie bitte.«

»Nein, nein, und nochmals nein. Wir hatten immer eine gute Beziehung. Sie ist meine Frau, mit ihr wünschte ich mir Kinder, wir waren eine glückliche Familie. Wir wollen gemeinsam alt werden.«

»Wir sind dabei, die Daten Ihres Mobiltelefons einzusehen, wie auch jene Ihrer Frau.«

»Warum sagen Sie mir das? Wollen Sie mir drohen?«

»Ich sage Ihnen das, weil es nichts bringt, nicht die Wahrheit zu sagen. Wir werden sie sowieso herausfinden. In einer Ermittlung wie dieser kommt alles ans Licht. Da gibt es keine Geheimnisse mehr.«

»Ich habe nichts zu verheimlichen. Sie werden bei uns nichts finden. Sie müssen nicht in unserer Familie nach dem Mörder suchen. Wir waren das nicht. Jemand hat uns das angetan.«

»Ihre Frau hat in den ersten Befragungen auch kategorisch ausgeschlossen, dass es jemand aus der Familie war.«

»Und jetzt nicht mehr?«

»Jetzt sagt sie, dass sie sich vielleicht in Ihnen getäuscht habe. Dass sie und die Kinder Ihnen vielleicht lästig geworden seien.«

»Ich glaube Ihnen nicht, dass Vera das gesagt hat. So etwas würde sie nie sagen. Sie lügen!«

»Ich lüge Sie nicht an.«

»Vera kann das nicht gesagt haben.«

»Können Sie sich vorstellen, dass Ihre Frau die Kinder getötet hat?«

»Nein, niemals. Das ist nicht möglich.«

»Haben Sie Ihre Kinder getötet?«

»Nein! Das habe ich nicht! Ich war das nicht.«

»Jemand von Ihnen beiden muss es getan haben, Sie oder Ihre Frau, oder beide gemeinsam. Sie beide waren mit den Kindern alleine in der Wohnung, als es geschah. Den bösen Fremden, der durch das Fenster geklettert ist, gibt es nicht.«

»Sie irren sich. Sie irren sich gewaltig. Ich will nicht mehr mit Ihnen sprechen. Ich möchte mich mit meinem Anwalt beraten. Vorher sage ich kein Wort mehr.«

Vera Scherrer

Mutter

Ich weiß nicht mehr, was ich glauben soll. Was ich fühlen soll. Meine Empfindungen sind tot. Das Leben zerrinnt mir zwischen den Fingern wie allzu feiner Staub. Da ist nichts als Hoffnungslosigkeit.

Ob es stimmt, was sie sagen? Dass es gar keinen Einbrecher gegeben hat? Hat Bernhard mir die Kinder genommen? Bernhard? Mein Mann?

Immer und immer wieder gehe ich in Gedanken die schreckliche Nacht noch einmal durch, obwohl ich am liebsten nicht mehr daran denken möchte, es braucht zu viel Kraft, zu viel Energie, dabei habe ich gar keine mehr, ich bin ganz leer.

Ich vermisse die beiden so sehr.

Trauer ist der schlimmste körperliche Schmerz, den ich je erfahren habe. Mein Körper fühlt sich an wie ausgeweidet, eine einzige offene, blutende Wunde, die nie mehr heilen wird. Das weiß ich. Ich brenne innerlich und möchte, dass mein Körper auch äußerlich brennt, ich will ihn nicht mehr, ich will das Leben nicht mehr, weil es kein Leben mehr ist, ich möchte bei meinen Kindern sein. Mira, Sophie, Noah. Ich werde ihnen folgen. Sobald sie mich lassen.

Ich verstehe nicht, warum ich hier bin, eingesperrt, als wäre ich eine Verbrecherin.

Zuerst wollte ich stark sein, überleben, kämpfen, für Bernhard, ich dachte, ich könne ihn nicht alleine lassen in diesem Schmerz und überhaupt. Doch plötzlich behaupten sie, dass er die Kinder getötet hat. Ich kann es nicht glauben. Ich will es nicht glauben. Aber vielleicht ... wenn er das wirklich getan hat ... dann ist alles vorbei. Ist es möglich, dass ich mich derart in ihm getäuscht habe? Kannte ich ihn wirklich, oder sind wir uns vielleicht all die Jahre immer fremd geblieben? Ist mein eigener Mann der Mörder unserer gemeinsamen Kinder?

Ich weiß es nicht. Nichts weiß ich mehr. Sie sagen, dass es kein Fremder gewesen sein kann. Keine Einbruchspuren. Kein Einbrecher im Haus. Also muss Bernhard die Kinder umgebracht haben. Denn ich war es nicht. Ich habe meine Kinder Sophie und Noah nicht getötet, so etwas könnte ich nie tun, niemals.

Ich versuche mich zu erinnern, wie Bernhard sich in dieser Nacht verhalten hat, nachdem ich ihn geweckt hatte. Er schien geschlafen zu haben, sein Atem ging schwer, ein leises Schnarchen fast, bevor ich ihn an der Schulter fasste.

Die fast ganz geschlossene Tür. Das Licht im Flur. Ich hatte Angst. Bernhard ist sofort aufgestanden, um nachzusehen.

Der Polizist hat mich gefragt, ob Bernhard schon vorher in der Nacht einmal auf war. Aber das kann ich nicht sagen. Ich habe geschlafen. Ich habe vor dem Zubettgehen nicht nur eine Kopfschmerz-, sondern auch eine Schlaftablette geschluckt. Vielleicht hat Bernhard es ausgenutzt? Ich kann mir das noch immer nicht vorstellen.

Aber womöglich muss ich mich an den Gedanken gewöhnen, dass er nicht der Mann ist, den ich meinte zu kennen. Vielleicht kennt man einen Menschen nie ganz, und jede Person verbirgt eine dunkle Seite, von der man nichts ahnt.

Der Polizist sagte, dass Väter manchmal töten, wenn sie Angst hätten, die Kinder an die Frau zu verlieren. Er wollte von mir wissen, ob Bernhard und ich uns gestritten hätten und ob wir über eine Trennung nachgedacht hätten. Das haben wir. Vor allem ich. Immer öfter.

Es begann, als ich gesundheitliche Probleme bekam. Bernhard hat mich in der Erziehung der Kinder eigentlich gar nicht unterstützt, und als ich angeschlagen war, litt ich besonders darunter. Darüber haben wir oft gestritten. Es ist immer alles an mir hängen geblieben. Ich hatte mir mehr Hilfe von ihm erwartet, mehr Unterstützung. Ich fühlte mich sehr einsam und allein, im Stich gelassen. Das war der Moment, als ich darüber nachzudenken begann, mich von Bernhard zu trennen. Ich war nicht mehr zufrieden mit meinem Leben und fühlte mich noch zu jung, um das einfach so hinzunehmen und mich in mein Schicksal zu ergeben. Ich habe mit Bernhard darüber sprechen wollen, aber er hat mich nicht verstanden und sich noch mehr zurückgezogen. Es kam immer von mir aus, nicht von ihm, wenn wir über eine Trennung gesprochen haben. Bernhard hat meine Sorgen nicht ernst genommen, er meinte, ich hätte ja alles, ich müsse nicht arbeiten, ich könne zufrieden sein.

Er sah meine Probleme nicht – oder er wollte sie nicht sehen.

Oft haben wir auch über Geld gestritten. Er behauptete, ich gebe zu viel Geld aus, was erstens nicht stimmte, und zweitens hatten wir ja genug davon. Zwei Kinder kosten nun einmal Geld, auch unsere Wohnung war teuer eingerichtet. Er arbeitet ja die ganze Zeit und ist fast nie da, er hat keine Ahnung, was so ein Haushalt kostet. Ich hätte auch gerne gearbeitet, um mein eigenes Geld zu haben, aber das wollte er nicht. Ich sollte bei den Kindern sein. Wenn wir gestritten haben, bezeichnete er mich auch schon mal als »Schlampe«. Aber meistens zeigte er mir die kalte Schulter und verzog sich in sein Zimmer. Er konnte sich stundenlang hinter seinem Schweigen verstecken. Als ob man unsere Beziehungsprobleme totschweigen könnte und sie dadurch von selbst verschwinden würden.

Sogar als ich ihm klar und deutlich mit Scheidung gedroht habe, hat er sich nicht geändert. Ich war sehr oft allein und fühlte mich nicht gebraucht.

Und auch nicht mehr begehrt.

Am Anfang gab es genug körperliche Zuwendung zwischen Bernhard und mir, doch nach den Operationen wurde es weniger. Wir hatten vielleicht einmal pro Monat miteinander Sex, mehr lief da nicht mehr. Er sagte mir mal, ich sei nicht mehr die gleiche Person wie zuvor. Ich fühlte mich nicht mehr attraktiv. Alles, was uns mal so sehr verbunden hat, ist irgendwie verloren gegangen.

Ich wollte dieses Leben mit ihm nicht mehr, ich bin nur den Kindern zuliebe so lange geblieben. Mein Ziel war die Scheidung, danach plante ich, gemeinsam mit den Kindern ein neues Leben zu beginnen. Nie hätte ich gedacht, dass Bernhard fähig wäre, unsere Kinder zu töten. Noch vor zwei Tagen hätte ich gesagt, dass ich Bernhard zu hundert Prozent vertraue und meine Hand für ihn ins Feuer legen würde.

Heute kann ich das nicht mehr sagen.

Ich fühle mich verloren.

Die Situation ist nicht auszuhalten. Gleichzeitig glaube ich, dass ich immer noch unter Schock stehe, dass ich noch nicht begriffen habe, was wirklich passiert ist – oder dass es wirklich *mir* passiert ist, dass *meine* Kinder tot sind, dass *mein* Mann sie getötet haben soll. Es fühlt sich an, als wäre es jemand anderem passiert oder als wäre es nur ein ganz schrecklicher Traum, aus dem ich in der nächsten Sekunde aufwache und erleichtert feststelle, dass es nicht die Wirklichkeit ist.

Und wenn ich mir dann sage, doch, es ist passiert, es ist mir passiert – dann denke ich mit einer klaren Nüchternheit: Mein Leben ist vorbei.

4. Befragung

Anwesende:
Belinda Schwarz, polizeiliche Sachbearbeiterin,
Bernhard Scherrer, Beschuldigter,
sowie Pflichtverteidiger Markus Kerner

Herr Scherrer, ich möchte dort fortfahren, wo wir letztes Mal aufgehört haben. Sie haben Ihre Ehe bisher als gut, fast schon perfekt beschrieben. Es klingt etwas anders, wenn man Ihrer Frau zuhört. Sie waren ein abwesender Ehemann. Geld und Arbeit waren Ihnen wichtig.«

»Natürlich sind Geld und Arbeit wichtig, jemand muss die Familie schließlich ernähren.«

»Ihre Frau fühlte sich vernachlässigt.«

»Wer behauptet das?«

»Hat sie Ihnen das nie selbst gesagt?«

»Meine Frau fühlte sich nicht vernachlässigt. Sie hat mich immer in meiner Firma unterstützt. Das war unser gemeinsames Ding. Sie stand stets hinter mir. Ich kann mir nicht vorstellen, dass sie sich aufgrund meiner Arbeit vernachlässigt gefühlt hat.«

»Wie war das, als Vera krank wurde?«

»Ich verstehe die Frage nicht.«

»Erzählen Sie mal. Warum wurde sie krank, wie haben Sie das Familienleben während ihrer Krankheit organisiert?«

»Das habe ich doch schon erzählt. Vera legte so sehr an Gewicht zu, dass wir uns gemeinsam entschlossen, dass sie diesen Eingriff machen lassen sollte.«

»Die Magenbandoperation.«

»Genau.«

»War das Ihr Wunsch oder der Wunsch Ihrer Frau?«

»Sie wünschte sich das. Sie litt sehr unter ihrem Gewicht. Sie war vorher schlank gewesen, ihre Knochen waren nicht gemacht für diese Körpermaße, sie klagte über Knie- und Rückenschmerzen, auch Krampfadern plagten sie.«

»Also haben Sie und Ihre Frau sich zu der Operation entschieden.«

»Erst nachdem die vielen Diäten nichts genützt haben.«

»Und was passierte nach der Operation?«

»Irgendetwas ist schiefgelaufen. Vera ging es nach dem Eingriff viel schlechter als zuvor. Sie konnte fast kein Essen mehr behalten und hat sich oft übergeben, sie war kraft- und energielos, wir bereuten den Eingriff sehr. Bald war klar, dass sie noch einmal unters Messer musste.«

»Wie lange ist das her?«

»Etwa ein Jahr, vielleicht auch eineinhalb.«

»Haben Sie in dieser Zeit weniger gearbeitet und sich um Ihre Frau gekümmert?«

»Ich konnte die Firma nicht einfach vernachlässigen, aber ich habe versucht, Vera zu unterstützen, so gut es ging. Vor allem meine Eltern waren eine große Hilfe.«

»Wann ist es Ihrer Frau wieder besser gegangen?«

»Nach der ersten Operation war sie nie wieder wirklich gesund. Es war immer irgendetwas. Aber nach dem zweiten Eingriff ging es langsam wieder bergauf.«

»Kam da auch die Energie zurück?«

»Ja. Und die Lebensfreude. Es schien alles gut zu werden. Sie schien plötzlich wieder die Alte zu sein, die fröhlich aufgestellte Vera. Auch wenn immer neue gesundheitliche Beschwerden auftauchten – ich dachte, wir seien über den Berg.«

»Wenn ich Ihnen zuhöre, klingt es für mich so, als hätten Sie eine Krisenzeit hinter sich – es war nicht mehr die wunderbare perfekte Ehe, so wie Sie es gerne darstellen.«

»Ich stelle nichts dar. Das eine schließt das andere nicht aus. Wir sind wegen Veras gesundheitlichen Problemen durch eine schwierige Zeit gegangen – aber wir hatten eine perfekte Ehe. Ich war für sie da, als es ihr nicht gut ging, und wir haben das zusammen durchgestanden.«

»Ist das nur Ihre Empfindung, dass Sie für Vera da waren, Ihre Sicht der Dinge – oder denken Sie, dass Vera das ebenso schildern würde?«

»Das müssen Sie nicht mich, das müssen Sie Vera fragen.«

»Das haben wir getan. Sie sagt, Sie hätten sich oft gestritten.«

»Das stimmt nicht, wir hatten nicht oft Streit.«

»Weil Sie sich dem Streit nicht gestellt, sondern sich schweigend in Ihr Zimmer verzogen haben?«

»Nein, weil es keinen Anlass zum Streiten gab. Wir haben uns geliebt, und wir hatten einen sehr herzlichen Umgang miteinander.«

»Es gab keine Auseinandersetzungen über das Geld?«

»Warum? Nein. Natürlich haben wir manchmal darüber diskutiert, ob wir uns etwas leisten wollten oder ob es zu teuer war, aber Auseinandersetzungen? Nein.«

»Hat Ihre Frau von Scheidung gesprochen?«

»Nein!«

»Warum haben Sie sich dann in einer Mail bei einem Notar danach erkundigt, wie sich im Falle einer Scheidung die Pensionsbezüge verteilen würden?«

»Das ist doch normal, dass man in der Ehe regelt, was wann wie wäre. Das hat nichts mit Scheidungsplänen zu tun.«

»Und warum regelten Sie diese Fragen nicht bei der Eheschließung, sondern bemühten sich erst vor sieben Monaten darum?«

»Es gab keinen äußeren Anlass.«

»Sie bestreiten also nach wie vor, dass sich Ihre Ehe in einer Krise befand und dass eine Trennung ein Thema war?«

»Vera hatte keine Scheidungsabsichten. Es ist eine Frechheit, dass Sie das behaupten. Ich verlange, sofort mit meiner Frau sprechen zu können.«

»Wer hätte im Falle einer Scheidung das Sorgerecht für die Kinder erhalten?«

»Darüber haben wir nie gesprochen, genauso wenig, wie eine Scheidung ein Thema war. Wie oft muss ich es noch sagen: Ich liebe meine Frau und ich habe die Kinder über alles geliebt. Wir waren eine glückliche Familie. Niemand wollte sich scheiden lassen.«

»Wäre es nicht so gewesen, dass das alleinige Sorgerecht im Falle einer Scheidung an Vera gegangen wäre – wo Sie neben der Arbeit gar nie Zeit für die Kinder hatten?«

»Ich habe die Kinder jeden Abend ins Bett gebracht. Ich war ihnen ein guter Vater.«

»Sie wollten sie nicht verlieren.«

»Natürlich wollte ich meine Kinder nicht verlieren. Es ist ermüdend, mit Ihnen zu reden. Alles muss ich hundert Mal erzählen. Das macht mich so müde. Das bringt doch alles nichts.«

»Es liegt an Ihnen, ob wir einen Schritt vorwärtskommen oder nicht.«

»Ich habe nichts mehr zu sagen. Es ist alles erzählt.«

Johanna Inderbitzin

Ärztin des Instituts für Rechtsmedizin

Ich hatte Dienst in dieser traurigen Nacht vor Weihnachten. Als der Alarm reinkam, hieß es, es gehe um zwei tote Kinder. Mir wurde die Adresse mitgeteilt, aber mehr sagten sie nicht. Etwa eine halbe Stunde nach der Polizei war ich vor Ort. Ich betrat die Wohnung im ersten Stock, rechts lag ein Zimmer, in dem die Kollegen vom Rettungsdienst gerade ihre Sachen wegräumten. Sie sagten mir, sie hätten zwanzig Minuten lang versucht, das Mädchen wiederzubeleben. Aber da sei nichts mehr zu machen gewesen.

Im zweiten Zimmer lag Noah, der Bub, er war schon steif, sein Kiefer war völlig unbeweglich. Sophie war noch weicher, ich konnte ihren Mund noch öffnen, keine Kieferstarre. Ihr Körper war auch noch etwas wärmer als der ihres Bruders. Beide Kinder hatten eingetrocknetes Blut an der Nase. Der Zustand der beiden legte nahe, dass der Todeszeitpunkt schon etwas länger zurückliegen musste. Sie waren schätzungsweise seit etwa zwei Stunden tot, als ich am Tatort eintraf.

Ich gehe davon aus, dass sich der Junge viel stärker zur Wehr gesetzt hat als das Mädchen, ich glaube sogar, dass er sich wie wahnsinnig gewehrt hat. Das würde erklären, warum sein Körper steifer war als jener seiner Schwester, als ich die beiden fand. Das liegt an den Muskelfasern: Weil Noah durch einen Kampf bereits alle Muskelenergie verbraucht hatte, trat die Totenstarre schneller ein.

Vor Ort hatte ich ein seltsames Gefühl. In den Zimmern der Kinder gab es keine Zeichnungen, in der gesamten Wohnung hingen keine Bilder. Ich bin selbst Mutter. Unser Kühlschrank ist tapeziert mit Kinderzeichnungen. Ich empfand die Wohnung als sehr beengend, da lag kein Staubkörnchen rum, ich könnte dort auf jeden Fall nicht leben. Aufgefallen ist mir auch, dass der Junge noch immer Windeln trug, das ist nicht normal in seinem Alter. Beide Kinder waren angezogen wie Puppen, alles schien super korrekt zu sein. Überkorrekt. Die ganze Situation hatte etwas Surreales und wirkte auf mich sehr befremdlich. Fast so, als hätte man mich in eine Szenerie versetzt, die sorgfältig für einen Fotografen inszeniert worden ist.

Nach der ersten Leichenschau vor Ort brachten wir die Kinder zur Obduktion ins Institut. Dort entnahm ich bei Sophie einen Vaginal-, einen Oral- und einen Analabstrich, bei Noah einen Oral- und Analabstrich. Sie waren alle negativ, das heißt, es gab keine Hinweise auf Spermaspuren. Wir haben auch andere Körperstellen mit Wattetupfern abgestrichen, aber diese Proben waren ebenfalls negativ; kein Sperma. Ich gehe daher davon aus, dass es zu keinem sexuellen Missbrauch gekommen ist, weder vor noch während noch nach der Tötung.

Auch die chemisch-toxikologische Untersuchung der Opfer ergab keinen Befund; die Kinder hatten keine Spuren von Medikamenten im Blut. Sie wurden vor der Tat also nicht betäubt.

Noah hatte Punktblutungen in den Augenlidern, Schaumbildung am Mund, Schaum in der Nase. Ich fand eine Schürfwunde an seinem Hals, fünf Zentimeter lang, die von einem Fingernagel stammen könnte, aber nicht stammen muss. Am Rücken fanden sich diverse punktförmige Blutungen, Staublutungen, die entstehen durch eine Druckdifferenz zwischen Arterie und Vene. Grund dafür kann Herzversagen oder Ersticken durch eine mechanische Einwirkung sein. Auch in der Bindehaut wies der Junge Blutpunkte auf, und beim Abnehmen der Schädeldecke stieß ich ebenfalls auf eine Blutung, was auf eine nicht unerhebliche mechanische Gewalt hindeutet. Überdies war Magensaft in seine Lunge gelaufen. Am Kehlkopf und an den Halswirbeln stellte ich keine Verletzungen fest.

Bei Sophie ergab sich ein ähnliches Bild. Sie wies Staublutungen in den Organen sowie eine Einblutung in der Halsmuskulatur auf, was auf Würgen oder Erdrosseln hindeutet. Auch erkannte ich auf ihrem Gesicht den Abdruck eines schwachen Musters.

Mit großer Wahrscheinlichkeit wurden beide Kinder mit stumpfer Gewalt erstickt, zum Beispiel, indem man ihnen ein Kissen auf das Gesicht gepresst hat. Bei Sophie kann ein Würgen nicht ausgeschlossen werden. Beide Kinder wurden massiv fixiert, wahrscheinlich indem der Täter den Rumpf umklammert hat, und daran gehindert, sich zu wehren.

Es muss sich um einen Todeskampf gehandelt haben, der mehrere Minuten gedauert hat. Da drückt man nicht einfach mal ein Kissen aufs Gesicht, und der Mensch ist tot. Das dauert einige Zeit und erfordert Kraft. Die meisten stellen sich das einfacher vor, als es ist.

Drei Tage nach der Tat sahen die Eltern ihre Kinder Sophie und Noah bei uns im Institut zum letzten Mal, um sich von ihnen zu verabschieden. Sie wurden von der Polizei aus ihren Zellen hergebracht. Offensichtlich haben sie sich seit der Tatnacht nicht wiedergesehen. Die Polizisten erlaubten ihnen, sich zu umarmen, dann führten wir sie zu Sophie und Noah. Es war ein sehr emotionaler Moment. Ihre Trauer war greifbar. Sie verbrachten etwa eine Stunde bei den Kindern. Es war ein Wechselbad der Gefühle, beide weinten und wirkten bestürzt. Da war eine tiefe Trauer, sie konnten es nicht fassen. Der Vater schien vor allem nicht begreifen zu können, dass Noah nicht mehr lebt. Auch die Mutter wirkte tieftraurig. Mir fiel aber auf, dass sie mehr von ihrer ersten Tochter als von den beiden Kindern sprach, die tot vor ihr lagen, von ihrem Baby, das sie vor neun Jahren verloren hatte: Mira.

Auch bei Mira habe damals ich die Obduktion durchgeführt. Ich habe meinen Bericht noch einmal studiert. Ich konnte bei dem Säugling Bakterien nachweisen; Mira hatte einen Ohren-Nasen-Hals-Infekt, sie war ein bisschen erkältet. Anzeichen auf mechanische Gewalt fand ich keine. Daher erachtete ich einen plötzlichen Kindstod als wahrscheinlich. Allerdings stieß ich auch auf Blutungen in der Lunge, was wiederum auf Ersticken mit einem Kissen hindeuten könnte. Aber das ist ganz schwierig zu sagen. Bei einem plötzlichen Kindstod kann nie zu hundert Prozent ausgeschlossen werden, dass nicht doch eine Gewalttat stattgefunden hat. Heute, unter diesen Umständen, erscheint die Geschichte von damals natürlich in einem anderen Licht. Doch trotz der neuen Ausgangslage halte ich an meinem alten Befund fest: Es lässt sich aufgrund der damaligen Obduktion nicht beweisen, dass Mira ebenfalls erstickt worden ist.

5. Befragung

Anwesende:
Belinda Schwarz, polizeiliche Sachbearbeiterin,
Bernhard Scherrer, Beschuldigter,
sowie Pflichtverteidiger Markus Kerner

Herr Scherrer, können wir die Befragung heute fortführen? Nur wenn Sie kooperieren, ist es uns möglich, den Täter zu ermitteln.«

»Ich habe wohl keine andere Wahl.«

»Ich möchte mit Ihnen über Mira sprechen. Können Sie mir schildern, wie Sie ihren Tod erlebt haben?«

»Es ist schon so lange her. Trotzdem kommt es mir vor, als wäre es gestern gewesen. Mira hatte eine unruhige Nacht. Sie wachte immer wieder auf und weinte. Wir standen mehrmals auf und versuchten, ihr Tee zu geben. Morgens um sechs, bevor ich ins Geschäft fuhr, schaute ich nochmals in ihr Zimmer und dachte, dass sie endlich schläft. Wenig später, ich weiß nicht mehr genau, wann, ein oder zwei Stunden später, rief mich meine Frau an. Sie sagte, ich müsse sofort nach Hause kommen, Mira lebe nicht mehr. Obwohl ich die Worte verstanden hatte, verstand ich überhaupt nicht. Es war kein weiter Weg von der Firma zu unserer Wohnung, aber fragen Sie mich nicht, wie ich ihn hinter mich gebracht habe. Mein Kopf war leer, wie ein Roboter saß ich am Steuer, alles Blut war aus meinem Körper gewichen. Als ich zu Hause ankam, waren die Sanitäter schon da. Einer versuchte, Mira wiederzubeleben. Dieses kleine Mädchen, dieser winzige Körper, wie zerbrechlich sie war. Der Sanitäter hat es nicht geschafft. Nie werde ich vergessen, wie er mich angeschaut hat, als er Mira zurück ins Bettchen legte. Er hatte Tränen in den Augen. Da begriff ich, dass Mira tot ist.«

»Wie alt war Mira, als sie gestorben ist?«

»Mira war noch keine drei Monate alt.«

»Ihre Frau hat also das Mädchen leblos im Bett gefunden?«

»Ja. Aber vielleicht war Mira schon in der Nacht gestorben, vielleicht war sie bereits tot, als ich zur Arbeit fuhr. Vielleicht hätte man sie aber noch retten können, wenn ich gemerkt hätte, dass etwas nicht stimmte. Ich habe mir große Vorwürfe gemacht. Die sind nie ganz weggegangen. Man fühlt sich immer schuldig, wenn ein Kind vor einem stirbt. Und jetzt ...«

»Wie sind Sie über den Tod von Mira hinweggekommen, Sie und Ihre Frau?«

»Ich war damals noch Angestellter und habe zwei Wochen freigekriegt. Aber ich ging schon nach einer Woche wieder zur Arbeit, ich konnte das nicht, zu Hause rumsitzen, die Arbeit hat mich abgelenkt, das hat geholfen. Für Vera war es schwieriger. Es war nicht einfach abzuschätzen, wie es ihr wirklich ging. Im Großen und Ganzen denke ich aber, dass wir Miras Tod recht gut miteinander verarbeitet haben. Wir haben uns gegenseitig beigestanden und uns Kraft gegeben.«

»Haben Sie miteinander über das Erlebte reden können?«

»Ich bin nicht einer, der gut darin ist, über Gefühle zu sprechen. Aber manchmal braucht man keine Worte, man versteht sich auch so und weiß, was im anderen vorgeht. Vera und ich waren uns gegenseitig eine Stütze in dieser schweren Zeit.«

»Die Ärztin hat bei Mira einen plötzlichen Kindstod festgestellt. Ist das richtig?«

»Ja, das ist korrekt.«

»Es gab keinen Verdacht, dass es eine andere Todesursache gewesen sein könnte?«

»Nein, es war ein plötzlicher Kindstod. Das hat die Untersuchung ergeben. Sie liegen falsch, wenn Sie denken, dass wir Mira etwas angetan haben. Es war ein plötzlicher Kindstod! Und wir haben auch Sophie und Noah nichts angetan. Das war Mord! Ich verstehe nicht, wie man uns alle Kinder nehmen konnte, alle drei Kinder! Warum uns?«

»Wie war damals Ihre Beziehung zu Ihrer Frau, bevor Mira starb?«

»Sehr gut. Mira war unser erstes Kind. Wir waren glücklich.«

»War es ein Wunschkind?«

»Ja, wir haben uns sehr gefreut, als sie zur Welt kam.«

»War sie ein einfaches Baby, schlief sie gut, oder war es eine anstrengende Zeit?«

»Wir konnten uns nicht beklagen. Natürlich wachte Mira mehrmals auf in der Nacht. Vera hat sie gestillt, sie bekam daher nicht genügend Schlaf in dieser ersten Zeit, aber das gehört dazu, das weiß man von vornherein, darauf hatten wir uns eingestellt.«

»Haben Sie Ihre Frau unterstützt?«

»Natürlich, so gut es ging. Aber da sie Mira gestillt hat, war es schon sie, die nachts aufstehen musste.«

»Hatten Sie eine enge Beziehung zu dem Baby?«

»In den ersten ein, zwei Wochen kam es mir noch etwas seltsam vor, dass Mira tatsächlich mein Kind ist und dass sie jetzt zu uns gehört. Aber ich denke, auch das ist normal, man muss sich zuerst an die neue Situation gewöhnen, vor allem, wenn es das erste Kind ist. Bei Sophie war es dann anders, bei ihr war von Beginn an eine große Angst da, dass auch sie plötzlich zu atmen aufhört.«

»Haben Sie je bereut, dass Sie Kinder bekommen haben?«

»Nein, nie. Nach Miras Tod war ich unsicher. Ich wollte nicht noch einmal ein Kind verlieren. Aber Vera ist dann sehr schnell wieder schwanger geworden.«

»War das geplant?«

»Nein. Vera sagte zuerst, sie wolle nicht wieder ein Kind, sie wollte nicht einfach einen Ersatz für Mira schaffen. Darum war es im ersten Moment ein Schock für uns, als sie plötzlich wieder schwanger war.«

»Haben Sie an eine Abtreibung gedacht?«

»Ich nicht. Für mich war klar, dass wir das Kind kriegen würden. Ich bin gegen Abtreibung. Vera hat davon gesprochen, und wenn sie es wirklich gewollt hätte, hätte ich ihr zuliebe zugestimmt. Aber ich glaube, sie hat sich dann doch auf Sophie gefreut. Und als Sophie da war, war alles gut. Es fühlte sich an, als ob uns das Glück wiedergefunden hätte.«

»Und wie war das bei Noah?«

»Da wollten wir unbedingt noch ein zweites Kind, damit Sophie nicht alleine aufwachsen musste. Ich freute mich sehr, dass es ein Bub war. Ein Junge und ein Mädchen, was wünscht man sich mehr.«

»Sie haben sich im Rechtsmedizinischen Institut von Noah und Sophie verabschieden können?«

»Abschied, was heißt hier Abschied ... das war doch kein Abschied. Sie haben eine richtige Beerdigung verdient. Es war ganz schrecklich, die beiden da liegen zu sehen, in diesem kalten Institut.«

»Die Obduktion hat ergeben, dass Sophie und Noah mit großer Wahrscheinlichkeit mit einem Kissen erstickt worden sind.«

»Das habe ich Ihnen ja gesagt. Sie hatten Kissen auf den Gesichtern, als ich sie gefunden habe.«

»Welche Farbe hat Ihr Badezimmerteppich?«

»Bitte was?«

»Welche Farbe?«

»Ich weiß nicht. Rot?«

»Der Badezimmerteppich lag zusammengefaltet auf der geschlossenen Kloschüssel.«

»Das muss der Einbrecher gemacht haben.«

»Herr Scherrer, es gab keinen Einbrecher.«

»Ich kann das einfach nicht glauben. Sie müssen falschliegen.«

»Manchmal tötet jemand aus dem Affekt. Nach einem Streit. Manchmal aus Verlustangst und Rache, weil man Angst hat, die Kinder zu verlieren, und nicht will, dass der andere sie kriegt. Manchmal tötet jemand auch, um etwas zu verdecken.«

»Wie meinen Sie das?«

»Vielleicht haben Sie den Kindern schon früher Gewalt angetan, und Sie hatten Angst, dass sie Sie verraten, als sie älter wurden, dass Sie auffliegen und das Gesicht verlieren.«

»Sprechen Sie von Kindsmissbrauch?«

»Zum Beispiel.«

»Sie sprechen von Kindsmissbrauch! Ich soll meine Kinder missbraucht haben?«

»Haben Sie?«

»Nein, das habe ich nicht! Ich habe meine Kinder nie angefasst. Und ich habe meine Kinder nicht getötet.«

»Hatten Sie Angst, dass Ihre Frau sie Ihnen wegnimmt?«

»Warum hätte sie mir die Kinder wegnehmen sollen? Wir waren doch glücklich zusammen. Wir waren eine Familie.«

»Sie wissen, dass Ihre Frau sehr wohl über eine Trennung nachgedacht hat. Sie mussten darum fürchten, dass sie das

Sorgerecht kriegen würde. Wenn Sie mir die Wahrheit sagen, wird Ihnen das vor Gericht angerechnet werden. Dann werden Sie eine mildere Strafe kriegen.«

»Ich werde nicht vor Gericht gestellt. Ich bin unschuldig. Wir waren eine glückliche Familie und wir haben unsere Kinder nicht getötet.«

Anna Schönbächler

Nachbarin

Nein, die haben ihre Kinder nicht getötet. Niemals. Nicht Vera und Bernhard.

Ich hatte eine sehr gute Beziehung zu den beiden und auch zu den Kindern. Nein, mehr noch: Wir hatten ein wahnsinnig schönes Verhältnis. Wir waren Freunde. Und sie liebten ihre Kinder. Sie tun mir unendlich leid, es ist schrecklich, dass sie das alles durchmachen müssen.

Vera klingelte in jener Nacht an unserer Tür. Aber da wusste ich natürlich noch nicht, dass es Vera war. Es läutete, es war mitten in der Nacht, und ich fragte meinen Mann, wie spät es sei. Er sagte, halb vier. Da meinte ich zu ihm: Geh ja nicht an die Tür. In dem Moment hörten wir Bernhards Stimme im Treppenhaus. Ich war erleichtert, das hieß, dass auch bei den Scherrers geklingelt worden war. Wir hörten Schritte auf der Treppe, ein Rumpeln und ein Weinen. Da war es vorbei mit der Erleichterung, da realisierten wir, dass etwas passiert sein musste.

Ich dachte zunächst an einen Wassereinbruch oder ein Feuer, nie wäre mir in den Sinn gekommen, dass ein Einbrecher die Kinder der Scherrers umgebracht haben könnte. So etwas passiert ja nicht einmal in einem Krimi.

Wir standen also auf und öffneten die Tür. Vera und eine fremde Frau standen davor. Die Frau sagte, sie sei Polizistin, es sei etwas passiert, ob Vera und Bernhard für einen Moment zu uns kommen könnten. Vera hatte ein verheultes

Gesicht und sagte, sie habe schon zwei Mal bei uns geklingelt. Dann fragte sie, ob auch bei uns eingebrochen worden sei.

»Nein«, antwortete ich.

»Bei uns wurde eingebrochen«, erklärte sie.

»Nein, wie schrecklich.«

»Und die Kinder sind tot.«

Genau so hat sie es mir erzählt. Sie sagte, die Kinder seien erstickt worden, und ich erkundigte mich, ob sie nicht zu Hause gewesen seien. Ich weiß nicht mehr, warum ich diese Frage stellte. Im Nachhinein erscheint mir der Dialog völlig absurd, aber die Nachricht war zu groß und zu schlimm, um sie wirklich zu erfassen. Vera sagte, doch, sie seien daheim gewesen, aber sie hätten geschlafen, und nachdem sie aufgewacht seien, hätten sie die Kinder tot aufgefunden.

Ich öffnete die Tür vollständig und ließ sie herein, Vera, die Polizistin, Bernhard und ein anderer Polizist folgten ihnen. Ich sagte, ich würde Kaffee für sie aufsetzen, das machte ich dann auch. Bernhard saß bei mir auf dem Sofa, Vera ging mit meinem Mann und der Polizistin ins Zimmer nebenan, das war den Polizisten scheinbar wichtig, dass die beiden nicht miteinander redeten, aber ich verstand damals nicht, was das alles zu bedeuten hatte. Auch bei uns blieb der Polizist dabei, Bernhard und ich haben darum nicht viel gesprochen in dem Moment, wir kamen gar nicht dazu. Er fragte nur immer wieder: »Wer macht so was, wer macht so was?«

Ich weiß nicht, ob er unter Schock stand, ich habe zuvor noch nie jemanden gesehen, der einen Schock hatte. Auf der einen Seite wirkte er ruhig, andererseits stand er völlig neben sich. Er fragte auch, wo Vera wäre, dabei wusste er, dass sie sich im Zimmer nebenan bei Walter befand.

Ich war einfach unglaublich fassungslos.

Dann kamen ein Sanitäter und eine Ärztin zu uns hoch, sie müssten uns etwas sagen, und sie holten Vera hinzu. Die Ärztin erklärte, dass leider auch das Mädchen gestorben sei. Sophie. Ich glaube, sie sagte dann auch noch, dass die Kinder schon eine Weile tot seien, seit ein oder zwei Stunden. Vera und Bernhard weinten, ich auch. Die armen Kinder.

Mich hat das Ganze sehr beschäftigt, es war so grausam. Vor allem, als es dann hieß, dass da gar niemand eingebrochen sei und der Bernhard die eigenen Kinder umgebracht haben müsse. Ich kann das einfach noch immer nicht glauben, es muss anders gewesen sein.

Ich könnte es vielleicht verstehen oder zumindest nachvollziehen, wenn es nicht seine Kinder gewesen wären, ich meine, wenn Vera sie mit in die Ehe gebracht hätte oder so. Aber Bernhard bringt doch nicht die eigenen Kinder um.

Die Polizei hat mich später über das Familienleben der Scherrers ausgefragt. Ich fand es unangenehm, über die Nachbarn und Freunde zu reden. Gleichzeitig hatte ich Angst, dass die Polizisten etwas missverstehen würden. Man wird so schnell falsch verstanden. Ein Punkt, den sie ansprachen, war Bernhards und Veras Wohnung: Sie wirke so leer und übertrieben aufgeräumt. Es ist schon so, dass Ordnung und Reinlichkeit bei den Scherrers ein großes Thema waren, mehr als bei uns. In den Kinderzimmern zum Beispiel stand nie etwas herum, man konnte sich schwer vorstellen, dass dort Kinder spielten. Mir ist das egal, ob jemand aufgeräumt hat oder nicht. Es war augenscheinlich, dass Vera keinen Schmutz mochte, darum waren bei ihnen auch nie fremde Kinder zu Besuch. Sie hatte Angst, dass Besucher Dreck reinbringen oder Unordnung anrichten würden. Aber so ist sie eben, die Vera. Das hat mich nicht gestört. Jeder hat seine Marotten.

Auch über die Beziehung der Eltern zu den Kindern

konnte ich der Polizei beim besten Willen nicht viel sagen. Die Scherrers waren eine Familie wie viele andere auch. Die Kinder waren wohlerzogen, ich mochte sie sehr. Sophie war die Wildere der beiden, Noah der Stillere, fast ein bisschen, als wäre sie das Abbild der Mutter und er das Abbild des Vaters, auch äußerlich glich Noah eher Bernhard und Sophie eher Vera.

Vera hatte sich nach den Sommerferien beklagt, dass sich Sophie von den Eltern abgewendet habe, dass sie ihr langsam entgleite, aber das ist normal in dem Alter, sie wurde zu einer eigenen Persönlichkeit, die das Leben für sich entdecken will, das habe ich damals Vera auch gesagt. Sie erzählte, dass Sophie manchmal trotzig sei, nichts essen oder nicht weggehen wolle. Aber wie schon gesagt, ich fand das nicht außergewöhnlich.

Ich kann nur sagen: Vera war ganz sicher eine gute Mutter. Sie wirkte weder gestresst noch überfordert, es waren wirklich beides liebe Kinder. Was Bernhard betrifft: Ich denke, auch er war ein guter Vater. Er war halt nicht oft da, immer bei der Arbeit. Aber wenn er da war, hat er sich mit den Kindern beschäftigt. Ich kann nicht glauben, dass er sie umgebracht haben soll. Aber wenn die Polizei sagt, dass da kein Einbrecher war – dann muss er es wohl getan haben, dann bleibt wahrscheinlich keine andere Möglichkeit. Aber was mag er nur für einen Grund gehabt haben? Ich verstehe das nicht. Es will mir einfach nicht in den Kopf hinein.

6. Befragung

Anwesende:
Belinda Schwarz, polizeiliche Sachbearbeiterin,
Bernhard Scherrer, Beschuldigter,
sowie Pflichtverteidiger Markus Kerner

Herr Scherrer, wir haben die Daten der Mobiltelefone ausgewertet.«

»Das ist doch privat.«

»Wir ermitteln hier wegen Mordes. Da bleibt nichts privat.«

»Sie verschwenden Ihre Zeit. Warum suchen Sie nicht endlich nach dem Täter?«

»Wir haben Ihr Telefon und auch das Ihrer Frau ausgewertet, das heißt, wir können alle Anrufe zurückverfolgen und alle Nachrichten lesen, die verschickt wurden.«

»Da werden Sie nichts Interessantes finden.«

»Ist es richtig, dass Sie am 20. November Ihrem Freund und Geschäftspartner Stefan Wenger geschrieben haben, Sie befürchteten, dass Vera Sie betrüge?«

»Ach das …«

»Es ist also richtig?«

»Das war nur eine kurze, schwierige Phase, ich war grundlos eifersüchtig.«

»Trifft es zu, dass Sie Wenger gefragt haben, wie Sie am besten herausfinden könnten, ob Vera einen Liebhaber habe?«

»Hören Sie, das ist lächerlich, jeder Ehemann und jede Ehefrau hat hin und wieder Zweifel.«

»Trifft es zu?«

»Ja, es ist richtig. Aber da war nichts, das interpretieren Sie völlig falsch.«

»Behaupten Sie immer noch, dass weder Sie noch Ihre Frau eine außereheliche Affäre hatten?«

»Ja, das ist so. Wir waren uns immer treu. Hundertprozentig.«

»Warum stellten Sie Ihrem Freund dann solche Fragen?«

»Es war nur ein Moment der Schwäche, mehr nicht.«

»Ihre Frau hat uns in der Befragung angegeben, dass Sie nicht verhütet hätten, da Sie sich einer Vasektomie unterzogen haben.«

»Was tut das zur Sache?«

»Wir haben in Ihrem Schlafzimmer in der Nachttischschublade Kondome gefunden. Können Sie mir das erklären?«

»Das muss ich Ihnen nicht erklären. Die sind alt, die haben wir nicht mehr gebraucht.«

»Sagt Ihnen der Name Manfred Probst etwas?«

»Nein.«

»Sie haben ihn noch nie gehört?«

»Nein, das sag ich doch.«

»Am 19. Dezember schrieb Ihre Frau folgende Nachricht an Manfred Probst: *Ich wünsche Dir viel Glück und Liebe, die ich Dir gerne geben will.* Was sagen Sie dazu?«

»Dazu habe ich nichts zu sagen. Es gibt dafür sicher eine Erklärung. Das hat nichts zu bedeuten.«

»Am nächsten Tag schrieb sie ihm: *Ich schicke ganz viele Küsse, ich vermisse Deine Wärme. Schlaf gut.*«

»Ich glaube Ihnen nicht, dass sie das geschrieben hat. Das behaupten Sie jetzt nur, damit ich wütend auf Vera werde und etwas sage, das nicht stimmt.«

»Ist es nicht eher so, dass Sie von der Affäre Ihrer Frau gewusst haben?«

»Sie hatte keine Affäre.«

»Womöglich haben Sie sich Zugang zu ihrem Handy verschafft und die Nachrichten gelesen.«

»Diese Nachrichten haben Sie erfunden. Die hat es nie gegeben. Das hat sie nicht geschrieben.«

»Ihre Frau hat Manfred Probst geschrieben: *Ich habe Dich ganz fest lieb.*«

»Sie lügen.«

»Und weiter: *Ich hoffe, dass ich bald Dir gehöre.*«

»Das erfinden Sie doch alles.«

»Ich lüge Sie nicht an.«

»Meine Frau hatte keine Affäre.«

»Sie behaupten also, nichts davon gewusst zu haben? Das glaube ich Ihnen nicht.«

»Ich glaube Ihnen auch nicht.«

»Sie wussten um die Affäre Ihrer Frau. Sie wussten, dass sie sich verliebt hat. Womöglich hat sie Ihnen bereits eröffnet, dass sie sich endgültig trennen will. Aber Sie wollten sie nicht mit den Kindern gehen lassen.«

»Ich weiß, was Sie jetzt denken. Sie denken, ich sei einer dieser eifersüchtigen Ehemänner, die ihre Kinder töten, damit die Frau sie nicht mitnehmen kann, wenn sie ihn verlässt. Das denken Sie. Aber Sie denken falsch. Vera hätte mich nie verlassen. Vera liebt mich. Und ich liebe sie. Und wir liebten unsere Kinder.«

»Sie halten also daran fest, dass Sie nie etwas von Manfred Probst gehört haben und dass Sie nichts von einer Affäre bemerkt haben wollen?«

»Ja. Es kann nicht sein, was Sie behaupten. Sie irren sich. Wie hätte ich das nicht merken sollen? Das ist unmöglich. Vera hatte keine Affäre.«

»Ich bin gespannt, was Ihre Frau dazu zu sagen hat. Und ihr Liebhaber.«

Manfred Probst

Liebhaber von Vera Scherrer

Ich lernte Vera im Café Millefleur kennen, es muss irgendwann Anfang November gewesen sein. Ich gehe dort immer mit meinem Lehrling hin, jeden Tag Punkt zehn, zwanzig Minuten Pause. Sie hat mich angesprochen, nicht ich sie, daran erinnere ich mich genau. Wir kannten uns aber schon eine Weile vom Sehen her, sie war sehr oft in dem Café.

Sie ist mir aufgefallen.

Es hat mich überrascht und gefreut, als sie mich angesprochen hat, sie gefällt mir nämlich schon. Zuvor hatten wir uns nur hin und wieder zugelächelt. Sie hat etwas ganz Banales gesagt, ich weiß es gar nicht mehr genau. Vielleicht etwas über das Wetter oder den Kaffee. Dann hat sie mich gefragt, was ich arbeite, sie sehe mich oft hier, und so sind wir ins Gespräch gekommen. Von dem Tag an setzte sie sich immer zu uns, wenn sie im Café war. Und irgendwann fragte sie, ob wir uns mal treffen wollten. Und ich wollte, klar, warum auch nicht, sie schien mir sehr sympathisch.

Also trafen wir uns auch mal am Nachmittag im Café. Ich muss sagen, sie ist eine interessante Frau, wir führten gute Gespräche. Über das Leben, die Sorgen, das Schöne. Sie erzählte auch viel von ihrem Mann und von ihren Kindern. Ich berichtete über meine Vergangenheit. Manchmal hatte sie die Kinder dabei. Ich fand immer, sie sei eine super Mutter, das hat mich beeindruckt. Es waren liebe Kinder, und man merkte, dass sie einander sehr gernhatten.

Auch über ihren Mann hörte ich nur Gutes. Sie klagte einzig, dass er sehr viel arbeite und kaum Zeit für die Familie habe. Es war dann bald einmal klar, dass sie sich mehr wünschte als nur gute Gespräche. Ich dachte, sie sei die typische Hausfrau, die nach vielen Ehejahren und der Geburt der Kinder vom Ehemann vernachlässigt wird. Wer sagt da schon Nein, oder?

Aber das, was wir hatten, das war ganz bestimmt keine Beziehung, nein. Das muss hier gesagt sein.

Sie war eine aufmerksame Frau, eine gute Zuhörerin. Sie erzählte mir auch von ihrem schwierigen Elternhaus, von ihren gesundheitlichen Problemen. Einmal berichtete sie mir, dass sie drei Mal an einem Tag in die gleiche Geschwindigkeitskontrolle geraten war!

Sie war aufgestellt und fröhlich, und ich war schon ein bisschen in sie verliebt. Aber Beziehung war das dennoch keine. Ich kann nicht mit Sicherheit sagen, ob sie auch in mich verliebt gewesen ist. Sie schrieb mir, dass sie mich gernhabe und dass sie mir Liebe schenken wolle, aber das heißt noch lange nicht, dass man sich wirklich liebt. Wir haben nicht über Zukunftspläne geredet, ich war ja damals selbst in einer Beziehung.

Jetzt nicht mehr.

Als die Polizei mit all ihren Fragen auftauchte, ging das in die Brüche. Es machte keinen Sinn, etwas zu leugnen. Meine Freundin packte ihre Sachen und zog aus. Klar, im Nachhinein ist man immer schlauer, wenn ich gewusst hätte, was passieren würde, hätte ich natürlich die Finger von ihr gelassen. Von Vera, meine ich. Aber wer kann so etwas schon ahnen? Sie tut mir schon sehr leid, sie muss zerstört sein, nachdem ihr Mann die Kinder umgebracht hat.

Ich habe sie nicht mehr gesprochen, seit es passiert ist, ich habe den Kontakt nicht mehr gesucht und nichts von ihr gehört, ich weiß nicht einmal, wo sie jetzt ist. Das Ganze ist ein schwerer Schlag, auch für mich.

Ja, wir sind intim geworden, Vera und ich, das schon. Es war schön, aber eine Beziehung war es trotzdem nicht. Es war ein Flirt. Ich bin ein guter Tänzer, und sie wollte mal mit mir mitkommen, wir wollten auch mal Schneeschuhlaufen gehen. Aber mehr war da nicht. Wir waren nur etwa drei oder vier Mal miteinander intim, das letzte Mal am 21. Dezember. Das war mein letzter Arbeitstag vor den Feiertagen. Sie rief mich zuerst im Geschäft, dann auf dem Handy an, sagte, wir könnten uns abends treffen, ihr Mann schaue nach den Kindern. Also verabredeten wir uns um 19 Uhr in einem Restaurant, dort haben wir zuerst einen Tee und dann einen Weißwein getrunken. Ich erinnere mich, dass sie an jenem Abend viel über ihre Kinder gesprochen hat. Irgendwann schrieb sie ihrem Mann eine SMS, dass sie später nach Hause komme. Ich hatte irgendwie das Gefühl, dass sie gar nicht wieder nach Hause gehen mochte. Das war mir gerade recht, wie gesagt, ich habe die Stunden mit ihr immer als angenehm empfunden. Wir haben uns im Restaurant an den Händen gehalten, hin und wieder haben wir uns auch einen Kuss gegeben. Ich habe sie dann mit meinem Auto zurück zu ihrem Wagen gefahren. Als ich den Motor ausschaltete, sind wir uns nähergekommen. Wir waren zärtlich miteinander und hatten Oralverkehr. Wir hatten eigentlich meistens nur Oralverkehr, es musste immer recht schnell gehen, weil wir uns ja nirgends wirklich treffen konnten.

Am 21. Dezember war es klar sie, die die Initiative ergriff. Wir saßen im Wagen, küssten uns, umarmten uns, da öffnete sie meinen Hosenschlitz und neigte sich hinab. Ich habe sie am Gesicht angefasst und gestreichelt.

Als sie später dann zu Hause angekommen war, schrieb

sie mir eine SMS und bedankte sich für den schönen Abend, sie habe ihn sehr genossen. Das tat ich auch. Es war wirklich ein schöner Abend. Aber nein, eine Beziehung war es nicht, sondern ein Flirt. Ein schöner Flirt. Ich wünschte, er hätte nicht ein so tragisches Ende genommen.

Dass all das jetzt öffentlich wird, macht mich kaputt. Es hat meine Beziehung zerstört, und ich merke, dass man im Dorf über mich spricht. Dabei waren es nur drei, vier Mal gewesen. Welcher Mann hätte da Nein gesagt. Aber ich weiß, ich jammere auf hohem Niveau. Vera muss es furchtbar schlecht gehen jetzt. Ich hätte nie gedacht, dass ihr Mann zu so etwas fähig wäre. Und ich habe Angst, dass es vielleicht etwas mit mir zu tun haben könnte. Vielleicht hat er etwas herausgefunden oder ihre Nachrichten gelesen. Womöglich hat er das alles falsch interpretiert und unserem Techtelmechtel viel zu viel Gewicht beigemessen. Wie schrecklich, die Vorstellung, dass diese grausame Tat auf einem Missverständnis beruhen könnte, weil er dachte, seine Frau habe mit mir eine Beziehung. Dabei war es nur ein kleiner Flirt. Und diese herzigen Kinder. Vielleicht würden sie noch leben, wenn ich mich nie auf Vera eingelassen hätte.

Vielleicht, vielleicht, vielleicht … Ich sollte nicht so denken, sonst kann man das Leben gar nicht mehr weiterführen, wenn man ständig damit hadert, was wie wenn weshalb gewesen wäre. Da macht man sich selbst kaputt. Darum versuche ich, die Gedanken auszuschalten, wenn sie auftauchen.

Sie kommen meistens in der Nacht und rauben mir den Schlaf.

Weil das mit dem Ausschalten einfach nicht funktioniert. Ich sage den Gedanken: Geht raus aus meinem Kopf und lasst mich in Ruhe. Aber die denken gar nicht daran. Das

Ganze treibt mich um. Ich hoffe, die Zeit hilft, dass es einfacher werden wird. Ich wünschte mir, ich könnte auf einen Knopf drücken, und alles wäre vergessen. Oder besser noch: Es wäre nie passiert.

7. Befragung

Anwesende:
Belinda Schwarz, polizeiliche Sachbearbeiterin,
Bernhard Scherrer, Beschuldigter,
sowie Pflichtverteidiger Markus Kerner

Herr Scherrer, wir haben mit Manfred Probst gesprochen.«

»Ich weiß nicht, wer Manfred Probst ist.«

»Der Mann, dem Ihre Frau die Liebesnachrichten geschickt hat.«

»Das waren keine Liebesnachrichten.«

»Er hat zugegeben, dass er mit Ihrer Frau ein Verhältnis hatte.«

»Hören Sie, ich weiß, wie das Spiel funktioniert. Sie behaupten etwas, um eine Antwort aus mir herauszukriegen, die Sie gerne hören möchten, selbst wenn sie nicht stimmt. Sollte meine Frau tatsächlich eine Affäre gehabt haben, würde ich das einzig und allein mit ihr besprechen. Ich würde so etwas nur glauben, wenn sie es mir direkt ins Gesicht sagen würde.«

»Wir können es im Moment nicht zulassen, dass Sie mit Ihrer Frau sprechen.«

»Sehen Sie? Genau das meine ich. Sie können behaupten, was Sie wollen, weil Sie wissen, dass ich meine Frau nicht fragen kann, ob es stimmt.«

»Manfred Probst sagte, er sei mit Ihrer Frau intim gewesen.«

»Ich rede mit Ihnen nicht länger über eine inexistente Affäre, die meine Frau mit einem großen Unbekannten gehabt haben soll, dem Sie offenbar mehr glauben als mir. Ich verstehe auch nicht, was das überhaupt bringen soll. Ich finde, Sie haben einen anderen Job zu erledigen.«

»Es ist mein Job herauszufinden, wer Ihre Kinder umgebracht hat. Und im Moment denke ich, dass Sie das getan haben.«

»Ich habe meine Kinder nicht umgebracht. Aber ich weiß jetzt, wie es passiert sein könnte.«

»Ah ja? Erzählen Sie! Wie könnte es passiert sein?«

»Noah muss aufgewacht sein. Weil er etwas gehört hat. Vielleicht hat er nach Vera gerufen, und der Einbrecher hat die Kinderstimme vernommen. Er geriet in Panik und hat Noah mit dem Kissen erstickt, weil er nicht verraten werden wollte. Ich habe mir sogar schon überlegt, dass es vielleicht jemand aus der Nachbarschaft gewesen sein könnte – jemand, den Noah kannte. Und darum musste er sterben: Weil der Einbrecher Angst hatte, dass Noah ihn erkannt hat und er ihn verraten würde. Und als er Noah erstickte, ist auch Sophie aufgewacht, und dann hat er es gleich noch einmal getan. Es ist schließlich viel einfacher, ein Kind zu töten als einen Erwachsenen. Dann ist er abgehauen, bevor wir aufwachten.«

»Herr Scherrer, es ist kein Einbrecher in Ihre Wohnung eingedrungen. Weder ein Fremder noch ein Nachbar.«

»Das glaube ich Ihnen nicht, weil es schlicht nicht sein kann. Sie müssen etwas übersehen haben.«

»Erinnern Sie sich noch, wo Vera am 21. Dezember am Abend war?«

»Am 21. Dezember?«

»Ja.«

»Da war sie mit ihrer Freundin Katrin aus.«

»Katrin?«

»Katrin Brenner. Sie haben eine Zeit lang zusammen in einem Schuhgeschäft gearbeitet.«

»Hat Katrin Vera zu Hause abgeholt?«

»Nein, Vera ist mit dem Wagen los. Sie trafen sich in einem Restaurant zum Essen.«

»Manfred Probst sagt, er habe sich an diesem Abend mit Ihrer Frau getroffen.«

»Ich kann nicht glauben, was Sie mir da sagen. Aber selbst wenn es so wäre, selbst wenn meine Frau eine Affäre haben sollte: Ich habe nichts davon gewusst. Sie versuchen, für mich ein Motiv zusammenzubasteln. Aber wieso sollte ich meine eigenen Kinder umbringen, bloß weil meine Frau fremdgegangen sein soll? Für eine Tat wie diese gibt es gar kein Motiv. Nie würde ich das tun. Wenn Sie unbedingt daran festhalten wollen, dass der Täter aus unserem nahen Umfeld stammt, dann sollten Sie sich eher bei Veras Familie nach einem Motiv umsehen, nicht bei mir.«

»Wie meinen Sie das?«

»Haben Sie mal mit Veras Bruder gesprochen?«

»Warum sollten wir?«

»Veras Familie war von Gewalt geprägt, ein prügelnder Vater. Die Familie ist höchst zerstritten. Womöglich mochten Sie Vera ihr Glück nicht gönnen.«

»Gab es Drohungen seitens Veras Familie?«

»Auf jeden Fall war sie uns nie gut gesinnt.«

»Und wie hätte sich jemand aus Veras Familie Zugang zu der Wohnung verschaffen sollen?«

»Was weiß ich? Es ist Ihre Aufgabe, das herauszufinden.«

»Herr Scherrer, wo waren Sie am Vormittag des 21. Dezember?«

»Bei der Arbeit. Wo sonst? Wollen Sie mir jetzt noch etwas anderes anhängen?«

»Wussten Sie, wo sich Ihre Frau an jenem Morgen aufhielt?«

»Das müssen Sie sie selbst fragen, wahrscheinlich war sie erst einkaufen und danach zu Hause.«

»Sie haben sie nicht danach gefragt?«

»Warum sollte ich?«

»Na, weil man halt so darüber spricht, was der Partner am Tag erlebt hat. Vera ist Ihnen auch nicht anders vorgekommen als sonst?«

»Nein, was soll die Fragerei, sagen Sie endlich, worauf Sie hinauswollen.«

»Ihre Frau war an jenem Morgen zu Hause, aber nicht allein.«

»Wie meinen Sie das?«

»Sie hatte noch einen zweiten Liebhaber.«

»Sie Lügnerin!«

Peter Lanzmann

Zweiter Liebhaber von Vera Scherrer

M ein Name ist Peter Lanzmann, ich bin Gebäudetech-
niker, und glauben Sie mir, es fällt mir nicht leicht,
über diese Sache zu sprechen. Aber ich habe ja wohl keine
Wahl. Die Polizei hat mir gesagt, wenn wegen Mordes ermittelt wird, kehrt sie alles unter dem Teppich hervor. Aber
das hier, das ist sehr privat.

Es ist richtig, ich war mit Vera Scherrer befreundet. Ihren
Mann habe ich nicht gekannt, zum Glück, einen solchen
Menschen möchte ich gar nicht kennen. Ich habe Vera im
Café Neuhaus kennengelernt, das war im letzten November, also keine zwei Monate bevor es passiert ist. Wir haben
uns angefreundet und hatten dann auch Sex miteinander. Sie
war mir halt sympathisch, und darum haben wir eine sexu-
elle Beziehung aufgebaut. Ich bin zwar verheiratet, aber zu
Hause bin ich in diesen Dingen zu kurz gekommen. Es ist
nicht so, dass ich aktiv auf der Suche nach einer Affäre war,
es hat sich einfach so ergeben. Es braucht immer zwei dazu.

Ich glaube, sie hat den ersten Schritt getan und mich angesprochen, aber ich bin mir nicht mehr sicher. Es war immer
sehr lustig, wenn wir uns im Café trafen, und wir haben
dann auch bald mal Telefonnummern getauscht. Eigentlich
hat es damit angefangen, dass wir die Nummern tausch-
ten. Wir haben uns viele Nachrichten geschrieben, und die
wurden dann immer direkter, wenn Sie verstehen, was ich
meine: Bereits in diesen Nachrichten ging es um Sex. Da

war klar, dass es früher oder später dazu kommen würde. Wir sind beide darauf angesprungen.

Da ich selbstständig arbeite, bin ich zeitlich flexibel, das ist uns sehr entgegengekommen. Irgendwann schrieb sie, ich solle doch zu ihr kommen. Die Kinder seien in der Schule oder im Kindergarten, und der Mann sei bei der Arbeit. Ich fragte nach, ob sie sicher sei, dass er nicht plötzlich in der Tür stehe. Und sie meinte, er komme nie vor dem Abend heim. Als ich zu der Adresse fuhr, die sie mir angab, war eigentlich schon klar, was gleich passieren würde. Wir haben uns mit den Nachrichten gegenseitig aufgeheizt, ich glaube, wir konnten es beide kaum erwarten. Sobald ich durch die Tür war, fielen wir übereinander her.

Wir hatten dann gleich Oralkontakt. Muss ich das näher beschreiben? Also, bei diesem ersten Mal hatten wir nur oralen Verkehr, weil ich relativ rasch gekommen bin, aber ihr hat es trotzdem gefallen. Wir taten es in ihrem Ehebett. Später haben wir dann auch richtig miteinander geschlafen. Insgesamt hatten wir in diesen paar Wochen drei bis vier Mal Oralverkehr und zwei Mal Geschlechtsverkehr. Mal bei ihr zu Hause, mal in meinem Büro auf dem Sofa. Ich wunderte mich ehrlich gesagt, warum sie so gerne Oralverkehr hatte, sie sog mich fast in sich hinein. Wir hatten immer Oralverkehr bis zum Schluss, also … Sie hat mein Sperma geschluckt, so meine ich das. Manchmal hatte ich das Gefühl, dass sie das nur mir zuliebe tat.

Ich habe ihr aber von Anfang an gesagt, dass es mir nur um Sex gehe und nicht um Liebe.

Nachdem wir begannen, sexuell miteinander zu verkehren, hat sie sich ein wenig verändert. Manchmal erzählte sie Dinge, von denen ich nicht sicher war, ob sie stimmten. Ich glaube, sie wünschte, dass man Mitleid mit ihr hatte. Einmal wollte ich die Affäre beenden, da hat sie geweint. Es schien mir, dass sie mit ihrer Zukunft nicht zufrieden war. Sie erzählte mir, ihr Mann habe kein sexuelles Interesse mehr an ihr und weise sie ab. Und dann kam es zu einem Zwischenfall, der sie sehr durcheinandergebracht hat: Sie kehrte früher nach Hause zurück und hat ihren Ehemann mit einer Freundin in flagranti erwischt. Vera sagte, sie habe die Frau geschlagen, regelrecht gekämpft hätten sie, und sie wolle die Frau nun anzeigen. Ich habe Vera geraten, das nicht zu tun. So was bringt ja nichts. Später berichtete sie mir, dass sie von einer Anzeige abgesehen habe.

Es ist schon krass, was alles passiert ist. Sie tut mir wahnsinnig leid. Ich erinnere mich noch gut an das letzte Mal, als wir uns getroffen haben. Es war am 21. Dezember, ich besuchte sie ziemlich früh am Morgen bei ihr zu Hause, ich wollte ihr eigentlich nur ein Geschenk vorbeibringen. Aber sie ließ mich nicht wieder gehen und wollte unbedingt Oralsex mit mir haben. Es dauerte nicht lange, es war eine schnelle Sache, ich war keine halbe Stunde dort. Ich fand es schon eigenartig, dass sie das so schnell hopp-hopp durchziehen wollte. Aber ich habe mich nicht gewehrt, es ist halt passiert. Ich hatte das Gefühl, sie stünde unter Zeitdruck, sie hatte etwas von einem Termin beim Friseur gesagt.

Ich wollte eigentlich einen Schlussstrich ziehen, ich dachte, dass ich mich im neuen Jahr nicht mehr bei ihr melden würde. Die ganze Geschichte war ja eigentlich nie für die Öffentlichkeit bestimmt gewesen. Dass sie noch einen zweiten Liebhaber hatte und dass sie mit ihm am Abend des 21. Dezembers noch einmal Sex gehabt haben soll, das wusste ich nicht, das hat mir die Polizei erzählt. Und wenn die Polizei das sagt, dann muss es wohl so gewesen sein. Aber davon habe ich nichts mitbekommen.

Es ist richtig, dass wir uns mehrmals am Tag geschrieben haben, manchmal fast jede Stunde, und telefoniert haben wir auch oft, aber wie gesagt, ich habe immer klar kommuniziert, dass es mir nur um Sex geht. Beim Geschlechtsverkehr bestand ich immer auf Verhütung. Zum Glück. Stellen Sie sich vor, sie wäre schwanger geworden. Wir hatten keine gemeinsame Zukunftsperspektive. Dennoch beschäftigt mich ihre Geschichte und der Verlust ihrer beiden Kinder sehr. Ich habe seither Herzrhythmusstörungen und kann nicht mehr gut schlafen.

Sechs Wochen dauerte die Affäre nur, und dann kam die Katastrophe, sechs Wochen, und danach war das Leben nicht mehr wie vorher. Die Polizei hat mir viele Fragen über Vera gestellt. Ich kann nichts Negatives über sie sagen, wirklich nicht, im Gegenteil, sie war eine aufgeweckte, humorvolle Person, ich habe es immer genossen, um sie herum zu sein. Zum Geburtstag hat sie mir einen Bauernkalender mit Bildern von halb nackten Frauen geschenkt, das kommt mir jetzt gerade in den Sinn. Das ist vielleicht ein blödes Beispiel, ich will damit nur sagen: Sie war ein sehr offener Mensch.

Über ihren Mann kann ich gar nichts sagen, ihn kenne ich nicht. Sie hat nicht schlecht über ihn gesprochen, aber auch nicht gerade von ihm geschwärmt. Ich hatte immer das Gefühl, dass ich ihn nicht mochte, was seltsam ist, wo ich ihn doch gar nicht kannte.

Ich verstehe nicht, wie er das hat tun können. Die eigenen Kinder töten. Das geht doch nicht.

8. Befragung

Anwesende:
Belinda Schwarz, polizeiliche Sachbearbeiterin,
Bernhard Scherrer, Beschuldigter,
sowie Pflichtverteidiger Markus Kerner

Sagt Ihnen der Name Peter Lanzmann etwas?«
»Nein.«

»Sie haben ihn noch nie gehört?«

»Ich habe keine Ahnung, wer das sein soll.«

»Ihre Frau hat sich ebenfalls mit ihm getroffen, seit Anfang November, sie waren zusammen intim. Er war ihr zweiter Liebhaber.«

»Ich kann das nicht glauben.«

»Sowohl Ihre Frau wie auch Peter Lanzmann haben bestätigt, dass sie bei Ihnen zu Hause im Ehebett Sex miteinander hatten.«

»Sie haben mit meiner Frau darüber gesprochen?«

»Ja.«

»Sie hat zugegeben, dass sie eine Affäre hatte?«

»Zwei Affären. Nicht von Anfang an, sie hat es zunächst geleugnet. Sie sagte – ich verlese aus dem Protokoll: ›Bei der ersten Einvernahme dachte ich, das hat nichts mit der Sache zu tun, es sei nicht wichtig, es zu sagen.‹ Später erklärte sie wörtlich: ›Ich hatte zwei außereheliche Beziehungen.‹«

»Sie haben sie zu dieser Aussage gedrängt.«

»Nein, wir haben ihr einzig die Abschriften ihres Nachrichtenaustauschs vorgelegt, da sah sie ein, dass es keinen Sinn mehr macht, die Affären zu leugnen.«

»Und warum reiben Sie mir das unter die Nase? Warum freuen Sie sich darüber, dass ich der betrogene Ehemann sein soll?«

»Ich freue mich nicht darüber, dass Sie betrogen wurden. Mich interessiert einzig, ob Sie davon wussten.«

»Ich weiß nichts davon und ich will es auch nicht wissen. Ich will Ihnen nicht glauben.«

»Ihre Frau hat einen Mann mit nach Hause genommen, mit in Ihr Bett genommen, und Sie wollen nichts davon gemerkt haben?«

»Nein, verdammt noch mal! Ich bin wohl nicht der erste Mann auf dieser Welt, der nichts davon mitkriegt, dass seine Frau fremdgeht. Und wenn es stimmt, was Sie behaupten, dann hat das ja gerade erst angefangen, das war ein Ausrutscher, das hatte nichts zu bedeuten, wie hätte ich da was merken sollen?«

»Können Sie sich vorstellen, warum Vera sich gleich zwei außereheliche Beziehungen gesucht hat?«

»Nein. Ich kann mir überhaupt nicht vorstellen, dass sie das getan hat. Hat sie Ihnen den Grund dafür genannt?«

»Sie sagte Folgendes aus, ich zitiere: ›Ich fühlte mich allein und von meinem Mann vernachlässigt. Die anderen Männer schenkten mir Aufmerksamkeit, ich fühlte mich wohl bei ihnen, mit ihnen konnte ich über alles sprechen. Es ging nicht nur um Sex, sondern auch ums Zuhören. Mit meinem Mann konnte ich keine solchen Gespräche führen.‹ Was sagen Sie dazu?«

»Was soll ich dazu sagen? Falls das stimmt, macht es mich traurig. Vielleicht hätte ich aufmerksamer sein sollen. Aber ist das nicht in allen Beziehungen so, dass man nach vielen Jahren nicht mehr so viele Gesprächsthemen hat wie noch zu Beginn, wenn man frisch verliebt ist? Vera hat womöglich einfach ein kleines Abenteuer, eine neue Aufregung gesucht. Sie hat diese Männer nicht geliebt.«

»Sie haben diese ›neue Aufregung‹ nie gesucht?«

»Nein. Ich war Vera immer treu.«

»Und Sie behaupten, nichts von Veras Untreue gewusst zu haben?«

»Ich wusste nichts von irgendwelchen Liebhabern.«

»Ist es nicht eher so, dass Sie bloß nicht zugeben wollen, dass Sie sehr wohl Bescheid wussten? Weil Sie damit über ein Motiv für die Tat verfügen? Sie wussten, dass Ihre Frau Sie betrog, dass sie Sie verlassen und ein neues Leben beginnen wollte – darum töteten Sie die Kinder, damit Vera sie nicht mit sich nehmen konnte. Sie sollte nicht das haben, was sie Ihnen wegnehmen wollte. Das gönnten Sie Ihrer untreuen Frau nicht, Sie hätten es nicht ertragen. Vielleicht haben Sie die Tat gar nicht geplant. Vielleicht war es eine Kurzschlussreaktion.«

»Hören Sie auf!«

»Hat Ihre Frau Ihnen an Heiligabend eröffnet, dass dies Ihre letzte gemeinsame Weihnacht sein wird? Dass sie mit den Kindern ausziehen werde? Das konnten Sie nicht zulassen. Also sind Sie mitten in der Nacht aufgestanden und haben zuerst die Kinder erstickt und danach einen Einbruch fingiert, um von sich abzulenken. Sie legten sich zurück ins Bett und warteten darauf, dass Ihre Frau aufwachte.«

»Schweigen Sie!«

»Ich frage mich, warum Sie Ihre Frau nicht auch gleich getötet haben. Weil es schwieriger ist, einen Erwachsenen umzubringen als ein wehrloses Kind? War das Ihr ursprünglicher Plan gewesen, nach dem Mord an den Kindern Ihre Frau und schließlich sich selbst zu töten? Doch dann hatten Sie nicht mehr den Mut oder die Kraft dazu?«

»So war das nicht! Sie liegen total falsch.«

»Oder war Ihre Absicht perfider, dachten Sie, Sie könnten notfalls Vera die Schuld zuschieben, falls man Ihnen den Einbruch nicht abkaufen sollte?«

»So ein Unsinn, meine Frau würde das nie tun, niemand würde glauben, dass sie es war.«

»Ich möchte Sie zu einem anderen Vorfall befragen.«

»Vorfall?«

»Ist es richtig, dass Sie von Ihrer Frau mit einer Geliebten ertappt worden sind? In flagranti?«

»Wer behauptet das?«

»Ist es richtig?«

»Nein!«

»Ist es richtig, dass es zu einer Handgreiflichkeit zwischen den beiden Frauen gekommen ist?«

»Welchen beiden Frauen? Was reden Sie da?«

»Sagen Sie mir, um welche Frau es dabei ging. Früher oder später werden wir es sowieso herausfinden.«

»Ich weiß wirklich nicht, wovon Sie reden und worauf Sie hinauswollen.«

»Wir haben dazu eine klare Aussage. Bestreiten Sie noch immer, eine außereheliche Affäre oder Beziehung geführt zu haben?«

»Ich hatte keine Affäre. Nie!«

»Das allein wäre kein Verbrechen, Sie können es ruhig zugeben.«

»Nein, ich kann das nicht ruhig zugeben, weil es gelogen wäre. Ich hatte keine Affäre. Und ich lüge hier nicht rum. Es ist die Wahrheit, was ich Ihnen sage.«

»Über wie viele Mobiltelefone verfügen Sie?«

»Eines.«

»Nicht ein privates und eines fürs Geschäft?«

»Nein, nur eines.«

»Auch das werden wir herausfinden.«

»Sie werden nichts herausfinden, weil es nichts herauszufinden gibt. Ich hatte ein Handy. Das haben Sie beschlagnahmt. Mehr gibt es nicht.«

»Behaupten Sie auch weiterhin, dass da ein Einbrecher war?«

»Ja, weil es anders nicht gewesen sein kann.«

»Dann nennen Sie mir bitte einen einzigen Grund, warum ein Einbrecher Ihre Kinder töten sollte.«

»Es ist unerklärlich. Vielleicht, weil sie aufgewacht sind und ihn gestört haben. Das habe ich Ihnen doch schon erzählt.«

»Wäre er da nicht eher so schnell wie möglich wieder verschwunden?«

»Ich weiß es nicht, weiß es wirklich nicht. Vielleicht war er auch ein Psychopath, ein Kranker, psychisch gestört. Es gibt keinen nachvollziehbaren Grund, warum jemand meine Kinder tötet.«

»Morde an Kindern sind in vielen Fällen familiäre Delikte.«

»Nicht in diesem Fall.«

»Väter töten Kinder aus Rache an der Frau, aus einer Verlustangst heraus, oft vor Trennungssituationen.«

»Es ist mir egal, was andere Väter tun. Ich kann nur für mich sprechen. Und ich sage Ihnen: Ich habe meine Kinder nicht umgebracht.«

»Sie tun sich keinen Gefallen, wenn Sie nicht gestehen.«

»Ich kann nicht gestehen, was ich nicht getan habe. Warum begreifen Sie das nicht? Ich hatte keine Affäre, ich wusste nichts von den Affären meiner Frau und ich habe Sophie und Noah nicht getötet.«

»Wenn Sie es nicht waren, dann muss es Ihre Frau gewesen sein.«

»Sie irren sich.«

Brigitte Flückiger

Nachbarin

Um es gleich vorwegzunehmen: Sie kann das nicht gewesen sein. Nicht Vera. Aber ich kann mir gut vorstellen, dass er es getan hat. Bernhard. Aus Eifersucht. Männer tun so was, da sind die nicht besser als Tiere. Ich habe kürzlich eine Doku geschaut, aus Afrika, da hat ein Löwenmännchen die neugeborenen Jungen getötet, weiß der Kuckuck, warum. Männer sind da anders als Frauen, keine Ahnung, Instinkt vielleicht, sie wollen die Kinder nicht einem anderen überlassen. Bernhard muss gewusst haben, dass es einen anderen gab.

Wir wohnen im Erdgeschoss direkt unter den Scherrers und haben ein normales Verhältnis zu ihnen, wie man das unter Nachbarn halt so hat, aber keine engere Beziehung oder Freundschaft oder so. Gewöhnliche Nachbarschaft halt. Und wenn man direkt unten dran wohnt, kriegt man schon einiges mit. Nicht, dass Sie jetzt denken, dass wir ständig unsere Nase in die Angelegenheit der anderen stecken, das nicht. Aber wenn man so nahe beieinanderlebt ...

Vera war für mich immer die perfekte Hausfrau, sie war sehr korrekt, ich bin nicht so perfekt wie sie. Ich habe nie Kinderlärm vernommen und auch nie Streitereien, nur ganz selten hörte ich sie mit den Kindern schimpfen. Meine Tochter hat Sophie und Noah ein paar Mal zum Geburtstagsfest eingeladen, aber sie sind nie gekommen. Auch gingen bei den Scherrers keine anderen Kinder ein und aus,

Vera mochte das nicht, man hatte als Besucher das Gefühl, dass man sofort eine Sauerei macht.

Allerdings hat sie anderweitig Besuch empfangen, wenn Sie verstehen, was ich meine. Männlichen Besuch. Zwei Mal habe ich ihre Stimme und die Stimme eines Mannes vernommen, die definitiv nicht Bernhard gehörte. Das war am Morgen, als die Kinder weg waren. Da muss man nur eins und eins zusammenzählen, nicht? Und dann ist klar, was da lief. Um ganz ehrlich zu sein: Ich hab ihr das gegönnt, Bernhard wäre jetzt auch kein Mann für mich. Der ist sehr verschlossen. Er ist zwar immer freundlich und nett und zuvorkommend, aber eben auch ein richtiger Langweiler, im ganzen Leben, wenn Sie verstehen, was ich meine, also wohl auch im Bett. Seine Freundlichkeit wirkte stets aufgesetzt, als würde er eine Maske mit aufgemaltem Lächeln tragen. Man spürte, dass es kein ehrliches Lächeln war. Darum hat das der Vera sicher gutgetan, so ein Liebhaber, ein bisschen Leidenschaft. Aber im Nachhinein muss man natürlich sagen, dass sie es besser hätte bleiben lassen.

Meine Theorie ist nämlich folgende: Der Bernhard hat's herausgefunden und ist ausgeflippt. Es ist doch meistens diese Art von Männern, die ausrastet; nichts scheint sie aus der Ruhe zu bringen – bis zu dem Moment, in dem sie plötzlich explodieren und ein großes Unheil anrichten. Genau so ein Typ Mann ist Bernhard. Alles runterschlucken, ja nie Gefühle zeigen, immer angepasst sein, aber im Innern staut sich was auf. Ich bin sicher, dass er etwas über die Affäre seiner Frau herausgefunden hat. Nicht, dass Sie jetzt denken, ich hätte ihm was gesagt. Ich hätte Vera nie verraten. Doch ich bin bestimmt nicht die Einzige, die gemerkt hat, was da lief. Es muss nur jemand eine Bemerkung fallen gelassen haben.

In der Nacht, als es passierte, habe ich weder etwas gesehen noch etwas gehört. Dabei hatte ich bis um ein Uhr früh Weihnachtsgeschenke vorbereitet. Etwa zweieinhalb Stunden später bin ich aufgewacht, weil ich ein Weinen vernommen hatte. Zuerst dachte ich, es sei ein Kind. Aber es muss Vera gewesen sein. Da hörte ich klar und deutlich, wie sie zu Bernhard sagte: »Das ist nur wegen dir passiert, du bist schuld.« Er antwortete: »Nein, das stimmt nicht.« Ich bin ganz sicher, dass sie das gesagt haben, so etwas bildet man sich nicht einfach ein. Sie müssen sich im Treppenhaus unterhalten haben. Ich habe mir nicht viel dabei gedacht, ging davon aus, dass die da oben einen Streit hatten. Aber es war dann alles ganz anders. Zwei Morde. Ausgerechnet die Kinder. In unserem Dorf. In unserem Haus.

Die Polizei hat mich gefragt, ob Vera und Bernhard mit den Kindern überfordert gewesen seien. Aber das ist Quatsch. Ich kenne keine Kinder, die besser erzogen sind als Sophie und Noah. Vera klagte mal, sie sei abends manchmal müde, aber wer ist das nicht mit kleinen Kindern? Zudem war sie ja gesundheitlich angeschlagen. Nach der Magenbandoperation ging es ihr eine Zeit lang sehr schlecht, sie hat sich nur noch erbrochen, musste immer wieder zum Arzt, und es folgte eine weitere Operation, davon hat sie sich nie ganz erholt. Sie hat enorm viel Gewicht verloren. In dieser Zeit war sie erschöpft, da geriet sie an ihre Grenzen, sie zog sich zurück. Sie erzählte mir, dass sie jede Nacht zwischen eins und fünf wach liege und nicht schlafen könne. Sie litt schon immer an Schlafstörungen, aber das hat sich offenbar verstärkt.

Einmal habe ich bei ihr geklingelt, wegen der Waschküche, das Wasser lief nicht mehr richtig ab. Als sie öffnete, sah ich, dass sie geweint hatte, sie wirkte abwesend. Ich dachte schon damals, dass sie unglücklich war mit Bernhard, dass es in der Ehe Streit gegeben haben muss. Ist eine Weile her. Ich denke, das war, bevor sie eine Affäre hatte.

Ich bin jetzt ganz ehrlich: Die Scherrers sind eine jener Familien, bei denen man sich vorstellen konnte, dass mal etwas passieren würde. Natürlich behaupten danach trotzdem alle, man habe nie etwas gemerkt. Ich hingegen dachte schon, dass eines Tages so etwas geschehen könnte. Ich erinnere mich, wie ich mal in der Zeitung von einem Familiendrama las. Da hatte ich das Gefühl, dass es bestimmt die Scherrers betreffen würde, sollte in unserer Straße mal so etwas geschehen – also im Fall der Fälle. Fragen Sie mich nicht, warum, es war nur so ein Gefühl. Doch was hätte ich tun sollen? Man kann ja nicht einfach hingehen und sagen: Vorsicht, Vera, dein Mann wird mal zum Mörder werden. Ich bin also gar nicht so sehr überrascht. Ich konnte mir vorstellen, dass bei den Scherrers mal was passiert; allerdings dachte ich eher, dass Vera eines Morgens tot sein würde. Aber doch nicht die Kinder. Dass die Kinder nicht mehr leben, kann man sich gar nicht ausmalen.

Das nicht.

Ich hoffe, dass Bernhard eine sehr hohe Strafe erhält. Man darf ihn nie wieder rauslassen.

9. Befragung

Anwesende:
Belinda Schwarz, polizeiliche Sachbearbeiterin,
Bernhard Scherrer, Beschuldigter,
sowie Pflichtverteidiger Markus Kerner

Herr Scherrer, ich möchte, dass Sie mir heute von Ihrer Ehe erzählen.«

»Ich habe doch schon alles gesagt.«

»Ich denke nicht, dass schon alles gesagt ist. Ich will mir ein Gesamtbild von Ihrem Eheleben machen können.«

»Ich weiß wirklich nicht, was ich Ihnen noch erzählen soll.«

»Beschreiben Sie mir, wie das war, als Sie Vera zum ersten Mal gesehen haben.«

»Wie schon gesagt, das war im Skiurlaub. Sie arbeitete in einer Après-Ski-Bar und hat mir sofort gefallen. Ihre lustige Art, ihr Lachen. Ich glaube, es war Liebe auf den ersten Blick. Auf jeden Fall Sympathie. Ich war ja noch jung, da denkt man nicht gleich, die will ich heiraten und mit der will ich Kinder haben, wenn man ein Mädchen trifft. Aber doch: Da war schon was in der ersten Sekunde.«

»Haben Sie sie angesprochen?«

»Nein, Vera hat mich angesprochen. Ich war schüchtern, ich hätte mich nie getraut. Oder eher: Sie hat uns angesprochen. Ich war nämlich mit zwei Freunden dort. Sie hat uns die Getränke gemixt und uns gefragt, woher wir kämen. Aber es war mehr als eine Floskel, die sie zu allen Gästen sagte. Sie hat mich dabei angestrahlt, und ihre Augen funkelten, ich hatte das Gefühl, dass sie die Frage nur an mich richtete. Meine Kumpel haben sofort gemerkt, was mit mir los war, sie haben mich nach vorne geschubst und gescherzt, ich solle meinen Mund aufmachen, sie flirte mit mir. Da mussten wir beide lachen, Vera und ich. Ich bin bis Feierabend geblieben, es kam mir ewig vor, wir hatten immer wieder Blickkontakt. Als ihre Schicht endlich vorbei war, saßen wir noch lange in der dunklen, leeren Bar und haben geredet. Als ich dann schließlich doch zurück ins Hotel ging, hat sie mir zum Abschied einen Kuss gegeben. Nicht einen richtigen Kuss, nur einen kleinen, kurzen, auf den Mund, einen Kuss, der sagte: Ich will dich, aber ich getraue mich noch nicht. Und ich getraute mich sowieso nicht.«

»Aber es ist dann trotzdem mehr daraus geworden.«

»Zwei Tage später hatte sie frei, da sind wir zusammen Skifahren gegangen, und am Abend trafen wir uns im Restaurant. Nach dem Tag auf den Ski war für mich alles klar, obwohl wir nicht darüber gesprochen und wir uns bis dahin noch nicht geküsst hatten. Einmal fuhr sie auf der Piste in mich hinein, beim Bremsen, obwohl sie eine viel bessere Skifahrerin ist als ich. Wir sind beide gestürzt, sie auf mich drauf, da ist sie ein bisschen länger liegen geblieben, als es nötig gewesen wäre. Aber mehr war noch nicht – und trotzdem wussten wir beide, dass wir uns verliebt hatten. Und dass wir ein Paar sind. Nach dem Essen im Restaurant habe ich sie draußen gefragt, ob ich sie küssen dürfe. Sie hat erst gelacht, dann hat sie die Augen geschlossen. Und ich habe sie geküsst. Später fragte sie mich, wie ich mir das vorstelle, sie und ich, ich mit ihr. Ich erklärte ihr, dass ich sie mitnehmen würde. Von den Bergen in die Stadt, fragte sie, ob das wohl gehe? Aber es ging. Nach zwei Monaten, als die

Ski-Saison beendet war, zog sie zu mir, und nach weiteren zwei Monaten war sie schwanger.«

»War die Schwangerschaft geplant?«

»Nein. Aber sie war auch nicht *nicht* geplant. Ich wollte Kinder, sie wollte Kinder, also verzichteten wir auf Verhütung und ließen es darauf ankommen.«

»Das ging Ihnen nicht zu schnell?«

»Nein, ich wusste, dass sie die Richtige war. Wusste es von Anfang an. Und weiß es noch immer.«

»Und ihr, ihr ging das alles auch nicht zu schnell? Sie war ja noch sehr jung.«

»Nein. Vera liebte mich. Und tut es noch immer.«

»Dann kam Mira. Veränderte das Kind Ihre Beziehung?«

»Ja. Als Mira zur Welt kam, schien das Glück perfekt zu sein. Es kam mir vor, als wären wir nun vollzählig, vollendet, ich weiß nicht, wie ich mich ausdrücken soll. Erfüllt? Ich liebte Vera noch mehr, obwohl ich zuvor gedacht hatte, dass mehr unmöglich wäre. Wir waren glücklich.«

»Es war ein kurzes Glück. Mira starb. Was hat das mit Ihnen und Ihrer Beziehung gemacht?«

»Es war sehr schwer. Für Vera war es noch schlimmer. Aber wir haben das zusammen durchgestanden, das hat uns zusammengeschweißt, wir wussten, wenn wir das überstehen, werden wir gemeinsam alles schaffen. Und wir werden auch diese erneute Katastrophe zusammen durchstehen, selbst wenn Sie uns verbieten, uns zu sehen, selbst wenn Sie Lügen über uns erzählen und uns verdächtigen, unsere eigenen Kinder umgebracht zu haben – Sie können uns nichts anhaben, unsere Liebe ist stärker, ich spüre, dass Vera mir nah ist, auch wenn Sie sie von mir fernhalten. Sie werden es nicht schaffen, einen Keil zwischen uns zu treiben und uns zu zerstören.«

»Wir wollen Sie nicht zerstören. Wir wollen wissen, wer

von Ihnen beiden die Kinder getötet hat. Aber lassen Sie uns zurückgehen zu dem Moment, als Sie wieder allein waren nach Miras Tod.«

»Keiner von uns hat die Kinder getötet. Wann begreifen Sie das endlich? Es ist jemand anderes gewesen.«

»Hat Vera angefangen zu arbeiten, als Sie wieder zu zweit waren, nach Miras Tod?«

»Ja, sie hat in einem Schuhgeschäft gejobbt und in einem Kiosk. Aber das Leben fühlte sich leer an in diesen Monaten nach Miras Tod.«

»Vera wurde rasch wieder schwanger.«

»Ja. Dabei haben wir an den heiklen Tagen Kondome benutzt. Vera wollte nicht gleich wieder schwanger werden, sie meinte, man könne Mira nicht einfach durch ein anderes Kind ersetzen. Als sie das Kind aber zum ersten Mal in sich spürte, hat sie sich dennoch gefreut. Und als Sophie dann da war, war alles gut. Es stimmte irgendwie, und wir konnten uns auf das neue Kind einlassen.«

»Nach der Schwangerschaft begannen aber die gesundheitlichen Probleme Ihrer Frau.«

»Nein, noch nicht. Sie fand nach der Schwangerschaft einfach nicht mehr zu ihrem früheren Gewicht zurück. Nach der Geburt von Noah nahm sie weiter zu. Sie litt sehr darunter und setzte sich selbst immer wieder auf Diät, doch es brachte alles nichts, sie legte nur noch mehr an Gewicht zu. Die gesundheitlichen Probleme begannen dann erst nach der missglückten Magenbandoperation.«

»Haben Sie je in Betracht gezogen, dass die massive Gewichtszunahme psychische Ursachen gehabt haben könnte?«

»Nein, das waren nicht psychische Gründe. Das hatte mit der Schwangerschaft zu tun, es ist unglaublich, was der weibliche Körper da durchmachen muss.«

»Sie denken also, dass Ihre Frau psychisch stabil war, dass sie nicht aus Sorgen, Trauer oder Kummer so viel zu essen begann?«

»Natürlich war sie psychisch stabil. Wir hatten ja alles. Nach der Geburt von Sophie war unser Leben wieder perfekt, und als Noah da war, sowieso.«

»Ihre Frau war glücklich?«

»Ja, sie war glücklich. Ich war es auch. Wir waren glücklich.«

Gerhard Kohn

Bruder von Vera Scherrer

Bernhard hat meine Schwester nicht glücklich gemacht.
Es war keine gute Ehe. Er war immer nur am Arbeiten,
hatte nie Zeit für sie, und wenn er doch mal zu Hause war,
zog er sich zurück. Er war kein offener Mensch. Ich habe
nie verstanden, warum sich meine Schwester in ihn verliebt
hat. Sie, die immer so aufgeweckt war und munter und offen. Ich habe mich mit Bernhard nicht verstanden. Als Vera
mich gefragt hat, ob ich Sophies Patenonkel werden möchte,
habe ich abgelehnt. Nicht, weil ich nicht wollte, sondern
wegen Bernhard. Ich mag ihn einfach nicht. Ich hätte Vera
einen besseren Mann gewünscht, einen, der sich um sie
kümmert und der für sie da ist, humorvoll und gesellig.
Aber nein, sie endet bei diesem verschlossenen, griesgrämi-
gen, langweiligen Mann. Es mag an unserem Vater liegen,
dass sie sich jemanden ausgesucht hat, der schweigt und sie
in Ruhe lässt. Aber glücklich wurde sie damit nicht.

Glücklich war auch unsere Kindheit nicht. Vera ist drei
Jahre jünger als ich. Ich war der Zweitälteste, der Älteste,
unser Halbbruder, hat sich vor vielen Jahren das Leben genommen. Dann gibt es noch Manuel, er ist der Jüngste.

Wir hatten nie viel Geld. Nicht, dass wir bettelarm gewesen wären, wir hatten immer genug zu essen und wir mussten nicht in löchriger Kleidung zur Schule gehen, aber eine
Urlaubsreise zum Beispiel war nicht drin. Der Vater hat auf
dem Bau gearbeitet, bis es nicht mehr ging. Weil er zu viel

trank. Es war die Mutter, die das Geld nach Hause brachte, sie hatte eine Anstellung in einem Restaurant. Wir Kinder waren tagsüber bei der Großmutter.

Vater war vor allem am Abend oft besoffen. Wir Kinder haben sehr darunter gelitten, auch Mutter. Es kam vor, dass wir alle zusammen im Kinderzimmer waren und weinten. Blicke ich heute auf unsere Kindheit zurück, muss ich sagen, dass Vera die Stärkste von uns war. Und die Mutigste. Sie musste sich gegen drei Brüder durchsetzen, und das schaffte sie auch. Sie war die Einzige, die sich getraute, Vater die Meinung zu sagen, obwohl er schimpfte und auch mal zuschlug. Überhaupt sagte sie immer geradeheraus, was sie dachte. Manchmal meinte sie zu Vater: »Du bist besoffen.« Dann rannte sie blitzschnell weg, aber er hätte ihr sowieso nicht nachsetzen können, betrunken, wie er war. Und wenn er sie doch mal erwischte und sie schlug, haute sie zurück und brüllte ihn an: »Du bist ein Arschloch.« Sie wagte ihm Dinge zu sagen, die wir anderen uns nie getraut hätten. Er schlug auch uns Jungen und die Mutter. Am schlimmsten benahm er sich an Familienfesten oder zu Weihnachten. Einmal hat er Mutter am Weihnachtsabend fast tot geschlagen.

Wenn man einen Vater hat, der trinkt, ist Weihnachten nicht das tollste Fest.

Später hat er dann aber aufgehört zu trinken, als wir schon älter waren. Da versuchte er uns das zu geben, was er uns früher hätte geben sollen, aber dafür war es zu spät.

Doch wir Kinder, wir hatten es gut miteinander. Ich habe Veras direkte Art stets gemocht. Erst als sie zu Bernhard zog, wurde es schwieriger, und zwar nicht nur wegen der großen Distanz. Wir hatten von Anfang an kein gutes Verhältnis, Bernhard und ich. Er ist ein eigenartiger Kerl. Mit ihm kann man nicht diskutieren, er ist einzig auf seine Arbeit fixiert, wir sind überhaupt nicht auf der gleichen Wellenlänge.

Ich denke, Vera ist so früh und so schnell zu ihm gezogen, weil sie einfach von zu Hause wegwollte. Wahrscheinlich hätte sie jeden genommen, um daheim ausziehen zu können. Leider hat sie sich für den Falschen entschieden.

Bernhard hat Vera vernachlässigt und sie nicht ernst genommen. Für ihn gab es nichts als die Arbeit, der hat sogar im Schlaf noch gearbeitet. Geld spielte für ihn eine große Rolle, Geld und Arbeit, das waren seine einzigen Themen. Ich könnte so nicht mit einer Partnerin zusammenleben. Selbst wenn er zu Hause war, war er nicht wirklich anwesend.

Vera erzählte mir mal, dass er nicht mit sich reden lasse: Wenn sie ein Problem anspreche, drehe er sich manchmal wortlos weg, gehe ins Büro und schließe die Tür hinter sich. Sie fühlte sich nicht ernst genommen. Ich finde, er behandelte sie respektlos.

Ich mochte das nicht mitansehen, darum habe ich aufgehört, Vera zu besuchen, ich fühlte mich nicht wohl bei ihnen. Aber die Kinder habe ich gemocht. Sophie und Noah. Vera kümmerte sich liebevoll um die beiden. Ich wünschte, wir hätten eine solche Mutter gehabt, als wir Kinder waren.

Dass die Kinder nicht mehr da sind und Vera derart leiden muss, bricht mir das Herz. Und dass sie noch immer in Untersuchungshaft sitzt, ist ein schreckliches Verbrechen. Bernhard hätte es in der Hand: Wenn er gestehen würde, würden sie sie endlich gehen lassen. Aber das ist typisch, selbst nach seiner schrecklichen Tat denkt er nur an sich selbst. Es kümmert ihn einen Dreck, dass er Vera nach dem Mord an ihren Kindern dadurch doppelt leiden lässt.

Wenn ich etwas zu sagen hätte … Ich würde ihn foltern lassen, damit er endlich gesteht. So, wie er mit seinem Schweigen meine Schwester foltert. Aber schon klar, dass er nicht Manns genug ist, um dazu zu stehen, was er getan hat.

Ich wünschte, meine Schwester wäre ihm nie begegnet.

10. Befragung

Anwesende:
Belinda Schwarz, polizeiliche Sachbearbeiterin,
Bernhard Scherrer, Beschuldigter,
sowie Pflichtverteidiger Markus Kerner

Herr Scherrer, wie geht es Ihnen heute?«

»Beschissen. Es geht mir schlecht. Wie lange wollen Sie mich hier noch festhalten? Und meine Frau, wie geht es meiner Frau, ist sie wieder zu Hause?«

»Nein. Wir können weder Sie noch Ihre Frau gehen lassen, bevor wir wissen, wer von Ihnen beiden die Kinder umgebracht hat.«

»Ich verstehe es einfach nicht. Ich verstehe nicht, wie Sie uns verdächtigen können. Wir waren es nicht. Und während Sie stur an Ihrem unsinnigen Verdacht festhalten, entkommt der wahre Täter über alle Berge. Machen Sie endlich etwas! Und bitte, lassen Sie zumindest meine Frau gehen.«

»Wir haben Ihre Kreditkartendaten überprüft.«

»Und was?«

»Wer alles hatte Zugriff auf Ihre Karte?«

»Nur ich und meine Frau. Warum?«

»Sie haben während der letzten zwei Jahre mehrmals einem einschlägig bekannten Online-Dienst Geld überwiesen. Und vor wenigen Monaten haben Sie eine Rechnung eines Erotikgeschäfts bezahlt.«

»Das kann nicht sein.«

»Bei allem, was wir Ihnen hier präsentieren, behaupten Sie, dass es nicht sein kann. Ist Ihnen das schon aufgefallen? Tatsache aber ist: Es kann nicht nur sein, es ist so. Wir haben die Belege. Es bringt nichts, es abzustreiten. Was haben Sie bestellt?«

»Im Erotikgeschäft?«

»Ja.«

»Gar nichts.«

»Dann muss es Ihre Frau bestellt haben.«

»Was war es denn?«

»Das wissen wir noch nicht. Das Paket wurde offensichtlich Anfang November bestellt. Was genau an Sie versandt wurde, wird uns die Firma zweifelsohne mitteilen. Sie können uns die Nachfrage ersparen, wenn Sie uns sagen, was drin war.«

»Ich weiß es wirklich nicht.«

»Dann wissen Sie wohl auch nichts über die Bestellungen bei Aazon-Film?«

»Muss ich dazu etwas sagen?«

»Sie müssen nicht, aber ich würde es Ihnen empfehlen.«

»Ich habe dort drei oder vier Mal etwas bestellt.«

»Was bestellt?«

»Filme.«

»Welche Art von Filmen?«

»Pornografische Filme.«

»Welche Art von Pornografie?«

»Pornografie halt! Das ist doch nicht so schlimm!«

»Gegen die kanadische Firma Aazon-Film wird ermittelt. Sie steht in Verdacht, im Darknet kinderpornografische Filme vertrieben zu haben.«

»Ich habe keine Kinderpornografie bestellt. Es waren normale Pornos.«

»Warum bestellen Sie sich normale Pornos gegen Bezahlung, wenn man sich das heute alles gratis im Internet herunterladen kann?«

»Es ist eine Frage der Qualität.«

»Eine Frage der Qualität?«

»Ja. Sie verstehen das nicht.«

»Haben Sie die Filme noch?«

»Nein.«

»Warum nicht?«

»Ich wollte nicht, dass meine Frau sie findet.«

»Ist es nicht eher so, dass Sie die Filme gelöscht haben, weil sie kinderpornografische Aufnahmen enthielten und illegal waren?«

»Nein. Ich würde mir nie so etwas Scheußliches ansehen, niemals. Sie versuchen schon wieder, mir einen Strick zu drehen, aber das wird Ihnen nicht gelingen. Sie können nichts beweisen – weil es nichts zu beweisen gibt.«

»Wir können auch gelöschte Daten wiederherstellen. Unsere IT-Experten sind bereits an der Arbeit.«

»Das macht mir keine Angst.«

»Herr Scherrer, ich frage Sie ganz direkt: Haben Sie sich je von Kindern in sexueller Weise angezogen gefühlt?«

»Nein. Nie.«

»Haben Sie sich je einem Ihrer Kinder sexuell genähert?«

»Das ist nie passiert! Die Fragen sind eine Frechheit.«

»Gab es je einen körperlichen Kontakt zwischen Ihnen und einem Kind?«

»Natürlich gab es körperlichen Kontakt zwischen mir und meinen Kindern – es wäre traurig, wenn es das nicht gäbe, zwischen einem Vater und seinen Kindern. Es kam aber nie zu einem Kontakt sexueller Art.«

»Wir haben in den Fotoalben Ihrer Kinder Aufnahmen gefunden, die Sophie und Noah beim Nacktbaden im Schwimmbassin des Gartens zeigen.«

»Und? Ist das neuerdings verboten? Himmel, in was für einer Welt leben wir eigentlich, wenn die kleinen Kinder nicht mehr nackt im Garten baden dürfen?«

»Finden Sie es normal, von den nackten Kindern Fotos zu machen?«

»Ja, Frau Schwarz, das ist das Normalste auf der Welt. Ich hatte dabei absolut keine Hintergedanken, es sollte eine Erinnerung an einen schönen Nachmittag sein, an dem die Kinder und wir Eltern unseren Spaß hatten.«

»Ihre Frau war dabei?«

»Ja, natürlich war sie dabei.«

»Stimmt es, dass die Nachbarskinder nie bei Ihnen zu Besuch waren?«

»Ich würde nicht gerade sagen, nie, aber es stimmt schon, wir hatten selten andere Kinder zu Gast.«

»Warum? Kamen die anderen Kinder nicht gerne zu Sophie und Noah nach Hause?«

»Nein, wir mochten das nicht so sehr. Diese wilden, unerzogenen Kinder, die nur Lärm und Schmutz mit sich brachten. Aber Sophie und Noah haben hin und wieder mit den Nachbarskindern draußen gespielt. Es ist nicht so, dass sich die Kinder nicht mochten.«

»Sie haben die anderen Kinder nie zu Geburtstagsfeiern eingeladen, oder mal zum Übernachten oder etwas dergleichen?«

»Nein, wir haben in der Familie gefeiert.«

»Gar keine Kindergeburtstage?«

»Nein. Das ist doch nicht schlimm. Unsere Kinder sind auch nicht gerne zu anderen Kindergeburtstagen gegangen.«

»Also waren die Kinder sehr auf Sie und auf Ihre Frau fixiert.«

»Nein, sie gingen ja auch zur Schule und in den Kindergarten. Aber sonst waren wir durchaus zufrieden mit uns selbst. Wir haben uns als Familie genügt. Das mag Ihnen vielleicht seltsam vorkommen, für uns aber war das normal. Mehr brauchten wir nicht. Das macht uns noch lange nicht zu Verbrechern.«

»Aber diese Familie, die angeblich zufrieden mit sich selbst war, die nicht mehr brauchte als sich selbst – die drohte zu zerbrechen.«

»Das stimmt einfach nicht. Das wollen Sie uns einreden, weil Sie verzweifelt nach einem Schuldigen suchen und nicht mehr weiterwissen. Sie tun mir wirklich leid.«

»Ich weiß, wer der Schuldige ist. Sie würden uns und vor allem sich selbst einen Gefallen tun, wenn Sie endlich ein Geständnis ablegen würden.«

»Das wird nicht passieren. Ich habe nichts zu gestehen.«

Martin Wolf

*Abteilungsleiter Forensische Genetik
am Institut für Rechtsmedizin*

Fünf Mal hat mir die Spurensicherung neues Material ins Labor gebracht. Ich stehe jeweils mittendrin in einem Fall und bleibe doch irgendwie außen vor; ich rede weder mit Verdächtigen noch sehe ich den Tatort oder obduziere die Leichen. Bei mir landen sozusagen die Requisiten eines Verbrechens, weil ich derjenige bin, der die winzigsten Spuren lesen kann. Im Fall Scherrer habe ich zur besseren Übersicht eine Liste zusammengestellt; folgende Asservate habe ich auf DNA-Spuren untersucht und mit den Profilen der beiden Kinder und der Eltern abgeglichen:

- zwei transparente Trinkgläser
- zwei blaue Kunststoffbecher
- eine schwarze Keramiktasse
- zwei Kunststoffschalen
- zwei Fingernagelschmutz-Präparate, je von der linken und von der rechten Hand von Sophie und Noah
- ein Kissenbezug mit Goofy-Aufdruck von Noah
- ein Kissenbezug mit Schneewittchen-Aufdruck von Sophie
- Wattestäbchen mit Abstrichen von allen Fenstergriffen im Esszimmer
- Wattestäbchen mit Abstrichen vom Rahmen des Esszimmerfensters

- Abstriche des Fliegengitters
- Abstriche von der untersten Lamelle vom Rollladen am Esszimmerfenster
- Abstriche von allen Regalgriffen der Küchenschubladen
- Abstriche von den Griffen der Schranktüren im Büro, in der Küche und in den Kinderzimmern
- Abstriche von den Türklinken
- ein Portemonnaie
- zwei Kleidungsstapel
- ein Badezimmerteppich, orange-rot

Mit diesem Material habe ich mich an die Arbeit gemacht. Die Herausforderung bei DNA-Analysen von mehreren Familienmitgliedern besteht darin, dass die Mischspuren der Eltern immer auch Spuren der Kinder sein können – weil die Kinder ja genetisch von ebendiesen beiden Elternteilen abstammen. Deshalb schaute ich nicht wie üblich nur sechzehn Abschnitte der DNA an, sondern untersuchte zusätzlich eine spezielle Sequenz auf dem männlichen Y-Chromosom. Dabei fand ich bei Noah eine genetische Mutation, sodass ich mit Sicherheit unterscheiden kann, ob DNA-Rückstände von Noah oder von Bernhard Scherrer stammen.

DNA-Spuren, die eindeutig von der Mutter Vera Scherrer stammen, fand ich auf dem ersten Trinkglas, am Metallfenstergriff im Esszimmer, am Griff von drei offen stehenden Küchenschubladen, an den Griffen von drei Küchenschränken, am Griff des offen stehenden Schrankes im Büro, am Portemonnaie. DNA-Rückstände, die eindeutig vom Vater Bernhard Scherrer stammen, fand ich ebenfalls am Portemonnaie und am zweiten Trinkglas. DNA-Rückstände von Sophie fanden sich an zwei Trinkbechern und an einer

Kunststoffschale, jene von Noah an einem Trinkbecher und an der anderen Kunststoffschale.

Mischspuren fand ich an einem der Trinkgläser, an den Türklinken des Elternschlafzimmers und der Kinderzimmer und ebenfalls am Portemonnaie. Überrascht war ich, als ich am Portemonnaie überdies eine DNA-Spur einer dritten, unbekannten Person fand. Es stellte sich jedoch heraus, dass sie dem Polizisten gehört, der als Erstes am Tatort war. An der Lamelle des Rollladens, am Fensterrahmen, am Fliegengitter und auf der Fensterbank fand ich keine verwertbaren Spuren.

Genauer untersucht habe ich auch die Kissenbezüge der Kinder. Ich habe systematisch je zehn Stichproben von der Vorder- und von der Rückseite der Kissen entnommen. Am Kissenbezug von Noah fand ich acht Anteile von Noahs DNA und vier Mischspuren von allen vier Familienangehörigen. Fremde Spuren, also Spuren, die von jemandem außerhalb der Familie stammen, fand ich keine. Beim Kissen von Sophie ging ich nach der gleichen Methode mit zwanzig Stichproben vor. Hier fand ich Mischspuren von Sophie, von Noah und von Vera Scherrer.

Im Fingernagelschmutz von Sophie fand ich nur ihre eigenen Merkmale, so wie ich im Fingernagelschmutz von Noahs linker Hand nur Noahs Merkmale fand. Unter den Nägeln von seiner rechten Hand hingegen sicherte ich ein Gemisch, das mit großer Wahrscheinlichkeit von Noah und seiner Mutter Vera stammt. Dass es sich bei der Mischspur um Rückstände von Bernhard Scherrer handeln könnte, kann ich ausschließen.

Nun, was hat diese Mischspur zu bedeuten? Bezüglich Fingernagelschmutz gibt es in der Forschung leider nicht sehr viele Studien. Eine davon aber besagt, dass unter normalen Umständen, also wenn kein Delikt vorliegt oder wenn kein Abwehrkampf stattgefunden hat, nur bei sechs Prozent der Probanden fremde DNA im Nagelschmutz gefunden wurde. Allerdings handelte es sich bei den Studienteilnehmern ausschließlich um Erwachsene. Bei Kindern mag die Situation etwas anders liegen. In einer weiteren Studie wurden zwölf Paare untersucht, die miteinander intimen Kontakt hatten. Hier fand sich bei 17 Prozent der Probanden jeweils die DNA des Partners unter dem Fingernagel. Ganz anders sieht die Situation nach Tötungsdelikten aus: Laut einer Untersuchung konnte in 64 Prozent der Fälle die DNA des Täters unter den Nägeln der Opfer gefunden werden.

So weit die Theorie. In der Praxis hilft uns das alles indes nicht viel weiter. Dass sich im Fingernagelschmutz von Noahs rechter Hand DNA-Merkmale fanden, die höchstwahrscheinlich von seiner Mutter stammen, kann Zufall sein. Es ist zum Beispiel möglich, dass sein Speichel mit seiner Mutter in Kontakt kam und er die Finger in den Mund nahm. Wenig wahrscheinlich, aber ebenso denkbar ist, dass die DNA durch die Berührung der Hände unter die Nägel geraten ist. Oder aber es kann sein, dass sich Noah gewehrt und die Mutter gekratzt hat. Doch das ist durch die Spur nicht bewiesen. Es kann nämlich ebenso sein, dass sich eine Person wehrt und jemanden kratzt und sich danach keine Fremd-DNA im Nagelschmutz findet. Oder aber dass sich bereits Fremd-DNA findet, wenn man die Nägel druckvoll über die Haut einer anderen Person zieht. Es ist also nicht so einfach, aus der Mischspur Schlüsse zu ziehen.

Aufgrund meiner langjährigen Erfahrung muss ich aber sagen: Der DNA-Rückstand der Mutter ist in diesem Fall relativ ausgeprägt. Doch auch das ist noch immer kein eindeutiges Indiz. Denn nun stellt sich die Frage, seit wann sich die DNA-Rückstände dort befinden und wie lange sie überhaupt im Fingernagelschmutz erhalten bleiben, nachdem sie dorthin gekommen sind. DNA-Rückstände sind relativ stabil: Wenn sie eintrocknen, können sie Jahrhunderte überstehen. Wenn sie aber wie in unserem Fall feucht bleiben und es noch dazu relativ warm ist, lösen sie sich sehr schnell auf. Die DNA-Rückstände von Vera Scherrer haben bereits eine gewisse Degeneration durchgemacht. Ich kann aber nicht genau sagen, wie alt sie sind. Vielleicht vierundzwanzig Stunden, vielleicht aber auch zwei Tage. Es ist theoretisch sogar möglich, dass sich die DNA seit noch längerer Zeit im Fingernagelschmutz befand. Sie sehen, ich kann nur einen winzigen Hinweis geben, der alles andere ist als ein Beweis.

Aber lassen Sie mich nun noch etwas zum Badezimmerteppich sagen, der mir von der Spurensicherung nachgereicht worden ist. Ich habe den Teppich in vier gleich große Sektoren aufgeteilt und sowohl die Ober- wie auch die Unterseite mit Wattestäbchen abgerieben. Bei der Stichprobe Nummer 1 stieß ich auf einen Mischbefund, in dem die DNA-Merkmale von Sophie Scherrer am deutlichsten hervortraten. Die Probe stammte von der Unterseite des Teppichs. Beim Mischprofil der Stichprobe 2 fand ich Merkmale von Vera Scherrer.

Ich habe darum ein kleines Experiment gemacht: Wir haben einen identischen Badezimmerteppich gekauft, ihn gefaltet und dessen Unterseite auf das Gesicht einer Person gedrückt. Dabei entstand auf deren Gesicht ein Abdruck des Musters, und am Teppich fand sich die DNA der Person. Ob aber das Muster, das am Gesicht der kleinen Sophie festgestellt worden ist, mit dem Muster der Unterseite des Teppichs übereinstimmte, konnten wir leider nicht mehr herausfinden, dafür war es zu spät und der Abdruck zu schwach.

Erlauben Sie mir zum Schluss noch ein paar Sätze zum

Ergebnis der untersuchten Kleidungsstapel. Ich habe die Stapel genau so erhalten, wie sie in der Wohnung gefunden worden sind. Ich habe sie auf beiden Seiten sowie oben und unten mit Wattestäbchen abgerieben. Bei der Auswertung stieß ich auf DNA-Merkmale von Vera, Noah und Sophie Scherrer. Bestandteile von Bernhard Scherrers DNA oder Fremd-DNA fand ich nicht.

Das ist alles. Mehr habe ich im Moment nicht zu sagen. Es ist mir bewusst: Viel ist es nicht. Es wäre mir lieber, ich könnte Ihnen einen stichfesten Beweis liefern, der den Täter überführt. Oder die Täterin. Aber das kann ich nicht.

11. Befragung

Anwesende:
Belinda Schwarz, polizeiliche Sachbearbeiterin,
Bernhard Scherrer, Beschuldigter,
und Pflichtverteidiger Markus Kerner

Ich möchte mich heute mit Ihnen noch einmal über Ihre Frau unterhalten.«

»Was ist mit ihr, geht es ihr gut?«

»Ihrer Frau geht es gut.«

»Halten Sie sie noch immer fest?«

»Ja, sie befindet sich nach wie vor in Untersuchungshaft.«

»Warum? Warum lassen Sie nicht wenigstens sie gehen?«

»Herr Scherrer, ich spreche ganz offen zu Ihnen. Wir stehen vor folgender Ausgangslage: Zwei Kinder werden tot in einer Wohnung aufgefunden. Die Spurenlage zeigt eindeutig, dass kein Fremder in die Wohnung eingedrungen ist. Als Täterschaft kommen einzig die Eltern infrage; der Vater oder die Mutter muss die Kinder getötet haben – oder aber beide zusammen. Solange wir nicht wissen, wer die Tat begangen hat, werden wir Sie beide in Untersuchungshaft behalten und befragen. Es liegt also an Ihnen, ob Ihre Frau noch länger festgehalten werden muss oder ob wir sie gehen lassen können.«

»Sie wollen, dass ich ein Geständnis ablege, obwohl wir nichts mit dem Tod unserer Kinder zu tun haben.«

»Ich will, dass Sie gestehen, was Sie in dieser Nacht getan haben.«

»Ich habe nichts getan. Ich habe geschlafen, verdammt noch mal, und als ich aufgewacht bin, waren die Kinder tot.«

»Darum möchte ich mich heute mit Ihnen über Ihre Frau unterhalten.«

»Meine Frau hat genauso wenig mit der Sache zu tun wie ich.«

»Warum wissen Sie das so genau?«

»Weil ich es eben weiß.«

»Geht das auch etwas konkreter?«

»Nein. Ich weiß es einfach. Sie kennen sie nicht, sie wäre niemals fähig, unsre Kinder umzubringen. Die Kinder bedeuteten ihr alles.«

»Wir haben uns bereits über die gesundheitlichen Probleme Ihrer Frau unterhalten, die nach der Operation auftraten. Wie ging es Ihrer Frau in dieser Zeit psychisch?«

»Wollen Sie jetzt meine Frau für verrückt erklären? Weil es Ihnen nicht gelungen ist, mich verrückt zu machen?«

»Darum geht es nicht. Ich hoffe, Sie sind weiterhin bereit, mit uns zu kooperieren.«

»Weiterhin? Wie lange soll dieses ›Weiterhin‹ noch dauern? Ich habe doch längst alles gesagt.«

»Wir versuchen nur, die Wahrheit herauszufinden, das sollte auch in Ihrem Interesse sein. Darum noch einmal: Wie ging es Ihrer Frau psychisch, als ihre körperliche Gesundheit beeinträchtigt war?«

»Natürlich ging es ihr nicht gut, sie war niedergeschlagen, aber das ist normal, alles andere wäre seltsam. Erwarten Sie von einer Patientin, dass sie fröhlich durch die Küche hüpft, wenn eine Operation schiefgelaufen ist und sie fast nur noch erbrechen kann?«

»Natürlich nicht. Vielleicht aber haben Sie etwas Auffälliges beobachten können? War sie abgesehen von der Krankheit anders als sonst?«

»Wie gesagt, sie war niedergeschlagen, sie wünschte sich, dass es ihr endlich wieder besser ging und dass sie an Gewicht verlor.«

»War sie depressiv? Antriebslos?«

»Nein. Obwohl es ihr wirklich nicht gut ging, hat sie den Laden so gut als möglich am Laufen gehalten. Es war ihr wichtig, dass die Kinder nicht unter ihrer Situation litten.«

»Gab es früher einmal Anzeichen, dass Ihre Frau unter Depressionen leiden könnte?«

»Nein, Sie befinden sich schon wieder auf einem Irrweg. Meine Frau ist nicht psychisch krank. Ich durchschaue Sie: Sie versuchen, Vera die Schuld zuzuschieben, nachdem es Ihnen bei mir nicht gelungen ist – nur, weil Sie der Öffentlichkeit irgendeinen Täter präsentieren wollen, damit Sie nicht zugeben müssen, dass Sie keine Ahnung haben, wer es getan haben könnte.«

»Uns sind bei der Befragung Ihrer Frau einige Widersprüche aufgefallen.«

»Wie meinen Sie das?«

»Zuerst stritt sie kategorisch ab, dass sie selbst oder Sie etwas mit dem Tod Ihrer Kinder zu tun haben.«

»So ist es auch.«

»Dann erzählte sie uns von einem Mann, den sie zwei, drei Mal vor dem Haus gesehen hat und von dem sie sich beobachtet fühlte.«

»Das ist doch kein Widerspruch! Sind Sie dem Hinweis nachgegangen?«

»Zuerst bestritt Ihre Frau ebenfalls, dass sie eine außereheliche Affäre hatte.«

»Das hat doch nichts mit dem Mord an unseren Kindern zu tun. Warum sagen Sie das alles?«

»Dann gab sie zu, dass sie nicht nur eine, sondern sogar zwei heimliche Affären hatte.«

»Allein darum soll sie jetzt plötzlich eine Mörderin sein?«

»Dann berichtet sie auf einmal von einem Fremden, der sie belauscht haben soll, als sie über Geld gesprochen hat. Doch in den ersten Einvernahmen hat sie nichts davon erwähnt.«

»Es wird ihr erst später wieder eingefallen sein.«

»Und auf einmal ist sich Ihre Frau auch nicht mehr sicher, ob nicht doch Sie den Kindern das Leben genommen haben könnten.«

»Hören Sie. Es ist klar, dass meine Frau unsicher ist. Sie hat ihre Kinder verloren. Sie sitzt in Untersuchungshaft. Und sie ist Ihren ständigen Fragen ausgeliefert. Wenn Sie ihr hundert Mal gesagt haben, dass kein Fremder in der Wohnung war, dann wird sie das verunsichert haben. Aber das heißt noch lange nicht, dass sie an meine Schuld glaubt oder dass sie sich in Widersprüche verstrickt hat.«

»Gleichzeitig ist uns aufgefallen, dass Ihre Frau mehr vom Tod Ihres ersten Kindes Mira spricht, öfter als von Noah und Sophie.«

»Nach dem Mord an unseren Kindern ist das wohl alles wieder hochgekommen, das passiert, das wird Ihnen jeder Psychologe bestätigen. Aber auch das heißt noch lange nicht, dass Vera unsere Kinder umgebracht hat.«

»Sie behaupten, nichts von den Affären Ihrer Frau gewusst zu haben. Gab es andere Situationen, in denen Sie das Gefühl hatten, dass sie nicht die Wahrheit gesagt hat?«

»Nein, meine Frau ist keine Lügnerin.«

»Ich möchte Ihnen eine Aussage entgegenhalten: Ihre Frau erzählte, dass Sie ein- oder zweimal darüber gesprochen hätten, die Kinder ins Heim zu stecken.«

»Das waren nur Bemerkungen am Rande, wenn sie uns mal auf die Nerven gegangen sind. Das haben wir nie ernst gemeint.«

»Ihre Frau ist sich da in Ihrem Fall nicht ganz so sicher.«

»Natürlich war das nur ein Scherz. Das war uns beiden klar. Sie haben meine Frau mit Ihrer Fragerei durcheinandergebracht.«

»Haben Sie die Bemerkungen über das Heim vor den Kindern gemacht?«

»Natürlich nicht.«

»Nun gut. Zum nächsten Punkt. Uns liegen die Resultate der DNA-Untersuchungen vor.«

»Hm.«

»Interessiert Sie nicht, was wir herausgefunden haben?«

»Sie werden es mir sowieso gleich sagen.«

»Wir haben nirgends fremde DNA gefunden.«

»Na und? Der Einbrecher wird Handschuhe getragen haben.«

»An den Kleiderstapeln und an dem einen Kissen fand sich keine DNA von Ihnen, aber zum Teil fanden wir Merkmale der DNA Ihrer Frau.«

»Das ist nicht überraschend. Sie macht schließlich die Wäsche.«

»Überdies fanden wir im Fingernagelschmutz von Noah Merkmale der DNA Ihrer Frau.«

»Und was soll das beweisen? Sie war die Mutter, die beiden haben sich berührt.«

»Wir haben nirgends an den Kindern Ihre DNA gefunden.«

»Hat das etwas zu bedeuten?«

»Sagen Sie es mir.«

»Ich weiß beim besten Willen nicht, was ich Ihnen sagen soll. Erwarten Sie, dass ich erzähle, ich hätte Handschuhe und Mundschutz getragen, während ich meine Kinder getötet habe?«

»War es so?«

»Hören Sie auf damit.«

»Haben Sie Ihre Kinder getötet?«

»Nein.«

»Wissen Sie, was ich mittlerweile glaube?«

»Es ist mir egal, was Sie glauben.«

»Ich denke, dass Sie beide es getan haben.«

»Nein.«

»Sie und Ihre Frau, Sie haben die Kinder gemeinsam getötet.«

»Nein.«

»Geben Sie es endlich zu.«

»Nein!«

Vera Scherrer

Mutter

Lange habe ich gezweifelt, doch nun bin ich sicher, dass er es getan haben muss. Bernhard. Mein Mann. Nur das *Warum* verstehe ich nicht. Ich werde es wohl nie begreifen können. Vielleicht, weil es auf die Frage nach dem *Warum* keine Antwort gibt. Es ist nicht zu erklären, weshalb ein Vater seine Kinder umbringt.

Ich bin immer noch hier, noch immer gefangen, sie halten mich fest ohne einen Grund. Stets von Neuem muss ich Fragen beantworten. Die Kommissarin ist nicht mehr so nett wie zu Beginn. Ich fürchte, sie glaubt mir nicht mehr. Sie stellt mehrmals die gleichen Fragen und behauptet, ich würde mir widersprechen. Aber das stimmt nicht. Natürlich habe ich ihr nicht von Anfang an auf die Nase gebunden, dass ich zwei Liebhaber hatte. Ich fand das nicht wichtig, es tat nichts zur Sache. Jetzt scheint sie zu glauben, nur weil ich meinen Mann betrogen und es nicht gleich zugegeben habe, hätte ich auch meine Kinder umgebracht. Dabei ist es wohl eher gerade umgekehrt – weil ich meinen Mann betrogen habe, hat *er* meine Kinder umgebracht. Schon nur diesen Satz laut auszusprechen fühlt sich an, als treibe mir jemand einen Dolch ins Herz. Es hört sich schrecklich und unwahr und falsch an. Aber es ist wohl an der Zeit, dass ich mich der Wahrheit stelle.

Ich bin überzeugt, dass Bernhard von den außerehelichen Beziehungen wusste – obwohl ich ihm nichts gesagt habe.

Manchmal hat er mich gefragt, wem ich so viele Nachrichten schreibe. Auf jeden Fall hatte er einen Verdacht. Vielleicht hat er sich heimlich an meinem Handy zu schaffen gemacht. Oder jemand hat mich im Café mit einem anderen Mann gesehen. Irgendwie muss er es herausgefunden haben.

Heute bereue ich es sehr, dass ich mich auf Manfred und Peter eingelassen habe. Ich war nicht verliebt. Sie schenkten mir Aufmerksamkeit, sie hörten mir zu, ich fühlte mich wohl. Aber Zukunftspläne schmiedeten wir nicht, die beiden Männer taten nichts zur Sache – ich hätte mich so oder so von Bernhard getrennt, auch wenn es die Affären nicht gegeben hätte.

Unsere Ehe war am Ende.

Er hatte ja selbst eine Geliebte, Monika, nachts, während er schlief, hat er ihren Namen genannt. Mit ihr saß er mal bei uns zu Hause auf dem Sofa, sie hatten wohl gerade herumgemacht, als ich früher nach Hause kam. Ich habe sie regelrecht vom Sofa wegzerren müssen. Das, was einmal zwischen Bernhard und mir gewesen war, ist im Lauf der Jahre weggefressen worden. Auf einmal war es vorbei, keine Liebe mehr. Geblieben war nur die Gewohnheit. Dafür waren Lügen und Betrug hinzugekommen. Wenn Bernhard wirklich aus Eifersucht auf diese Männer unsere Kinder getötet hat – dann hasse ich mich selbst dafür, dass ich die Affären begonnen habe. Und ihn hasse ich noch viel mehr.

Doch nun behauptet die Kommissarin plötzlich, wir hätten die Morde gemeinsam geplant. Das ist absurd. Sie behauptet, die gefundenen DNA-Spuren würden darauf hinweisen, dass ich den Einbruch nachgestellt und beim Töten der Kinder geholfen hätte. Sie glaubt, die Kinder seien uns lästig geworden, und ich hätte mitgemacht, um Bernhard halten zu können – die Kinder beseitigen, damit er mit mir zusammenbleibt. Die Ermittlerin muss sehr verzweifelt sein, dass sie sich solch abstruse Geschichten ausdenkt.

Auf einmal wartete sie auch mit dieser alten Sache auf, wegen Bernhards Schwester und der Kreditkarte. Sie graben in unserer Vergangenheit herum und kehren unser Innerstes nach außen. Ich fühle mich gar nicht mehr wie ich selbst, mich gibt es nicht mehr, es gibt nur noch diese mir fremde Frau, die im Gefängnis sitzt, weil ihr Mann ihre gemeinsamen Kinder umgebracht hat und es nicht zugeben will.

Als ob die alte Geschichte etwas mit unseren Kindern zu tun hätte. Das ist so lange her; ich habe eine Dummheit begangen, es ist herausgekommen, ich habe dazu gestanden, mich entschuldigt und es wiedergutgemacht. Fertig. Mehr war da nicht. Wenn man einmal im Leben einen kleinen Fehler begeht, sollte man danach nicht für alles verantwortlich gemacht werden.

Auch über die früheren Einbrüche bei uns zu Hause hat mich die Kommissarin ausgefragt. Ich habe ihr von dem Mann erzählt, der mich damals in der Waschküche bedroht hatte. »Dich kriege ich mal«, hatte er gesagt, wie könnte ich das vergessen. Danach wurde bei uns eingebrochen, aber entwendet wurde nichts. Ich habe den Mann später noch mal in unserem Dorf gesehen, er hat sich aber nichts anmerken lassen. Ich mir auch nicht, dabei war ich sicher, dass er damals der Einbrecher gewesen sein muss.

Ich beantworte die Fragen der Kommissarin, so gut ich kann – und werde doch das Gefühl nicht los, dass sie etwas anderes hören will.

Ich hätte ihr nicht von diesem Traum erzählen dürfen, das war ein Fehler, das sehe ich jetzt ein. Ich meinte, ihr vertrauen zu können. Ein Irrtum. Ich werde nie wieder jemandem vertrauen, nie mehr.

Die Kommissarin sagte, Träume seien stets mit der Wirklichkeit verwandt, aber das stimmt nicht. Für mich ist es keine Überraschung, dass ich hier in der Zelle von solchen Träumen geplagt werde. Die Situation im Gefängnis ist sehr schwierig für mich. Ich kann nicht wirklich um meine Kinder trauern. Noch immer haben wir sie nicht beerdigen können. Ich wünschte, ich könnte mit Bernhard sprechen und ihn darum bitten, endlich zu gestehen – und der Kommissarin die Wahrheit zu sagen; dass ich nichts getan habe. Ich habe nichts getan.

Also, die Träume. Der ganze Druck, die Belastung, die Fragen der Kommissarin. Stellen Sie sich vor: Ich gehe abends ins Bett, die Kinder leben, ich wache auf, und sie sind tot. Zu schrecklich. Es ist eine Katastrophe. Und danach die Verhaftung, so viele Befragungen unter diesem psychischen Druck, ich kann sagen, was ich will, und sie geben mir das Gefühl, dass sie mir nicht glauben. Ich drehe bald durch. All das lässt mich zweifeln, verzweifeln. Ich fragte mich sogar, ob ich schlafwandelnd dazu fähig wäre, meine Kinder umzubringen, ohne es zu merken. Aber ich glaube nicht, dass das möglich ist. Sie haben mich so sehr verunsichert, dass ich mir selbst nicht mehr ganz traue. Wohl auch darum diese Träume.

Ich habe geträumt, dass ich zu Hause war, im Ehebett lag und aufgewacht bin. Ich kann nicht sagen, ob ich im Traum aufgestanden bin. Das eine Bild, an das ich mich erinnere: Ich liege auf dem Rücken im Bett und sehe ein rötliches Licht draußen im Flur. Im nächsten Bild stehe ich schon in der Tür zum Zimmer von Sophie. Sie liegt verkehrt herum im Bett, ich streiche ihr das Haar aus dem Gesicht und decke sie zu. Das nächste Bild: Ich liege wieder im Bett. Der Traum kam in ähnlicher Form ein zweites Mal wieder: Das Aufwachen, dann stehe ich im Flur, hole die Weihnachtsgeschenke aus dem Schrank, lege sie unter den Baum. Den roten Plastiksack, in dem sich die Geschenke befanden, versorge ich in der Küche. Ich schaue ins Zimmer von Noah, er schläft auf der Seite liegend, ich gucke auch bei Sophie rein, hebe das Stofftier auf, das aus dem Bett gefallen ist, streiche ihr die Haare aus dem Gesicht. Liege wieder im Bett.

Das waren meine ersten beiden Träume. Das Seltsame ist, dass am Morgen nach den Morden die Geschenke tatsächlich unter dem Tannenbaum gelegen haben.

Der dritte Traum war schlimm. Ich habe geträumt, dass ich die Kinder umgebracht habe. Also ich träumte nicht die Tat an sich: Die Kinder waren im Traum schon tot – aber als ich sie fand, wusste ich im Traum, dass ich sie umgebracht hatte.

Das hat mich fertiggemacht, obwohl es ja nur ein Traum war. In Wirklichkeit war alles ganz anders.

Ich bin gemeinsam mit Bernhard aufgestanden in jener Nacht, nicht alleine. Er ist vorangegangen. Er hat die toten Kinder als Erster gesehen. Nicht ich. Er ging erst zu Noah, schaltete das Licht ein, nahm das Kissen von seinem Gesicht, sagte, dass er blaue Lippen habe, er rüttelte an Noahs Füßen und rief seinen Namen.

Wie unfassbar ist die Vorstellung, dass er das nur gespielt hat, dass er schon lange wusste, dass Noah tot ist, weil er ihn selbst umgebracht hat?

Die vielen Fragen und der Traum haben mich durcheinandergebracht. Aber ich kann dennoch mit Sicherheit sagen: Ich habe meinen Kindern nichts angetan. Dazu wäre ich gar nicht fähig. Meine Kinder waren mein Leben. Ich war gerne Mutter und habe sie über alles geliebt.

Es muss Bernhard gewesen sein.

Weil er herausgefunden hat, dass ich ihn betrogen habe, und weil ich ihn verlassen wollte. Er sagte mal, eine Trennung könne er sich nicht leisten, Unterhalt und Alimente würden ihn ruinieren. Geld war ihm immer wichtig. Und sein Ruf. Vielleicht hatte er auch einfach Angst, sein Gesicht zu verlieren, wenn ich gehen würde.

Jetzt hat er alles verloren.

Ich auch.

Ich vermisse meine Kinder so sehr.

Sophie, Noah. Und Mira.

12. Befragung

Anwesende:
Belinda Schwarz, polizeiliche Sachbearbeiterin,
Bernhard Scherrer, Beschuldigter,
und Pflichtverteidiger Markus Kerner

Herr Scherrer, ich möchte noch einmal mit Ihnen über Ihr erstes Kind sprechen. Mira.«

»Bitte nicht. Was soll das bringen?«

»Erzählen Sie mir noch einmal von jenem Morgen, als sie starb. Was genau haben Sie gemacht, bevor Sie zur Arbeit gefahren sind?«

»Das habe ich Ihnen doch alles schon erzählt.«

»Ich möchte, dass Sie mir den Ablauf noch einmal schildern.«

»Ich bin aufgewacht, habe nach Mira gesehen, sie schlief, dann habe ich mir Frühstück gemacht und bin zur Arbeit gefahren.«

»Wer ist aufgestanden, als Mira in der Nacht unruhig war?«

»Mal Vera, mal ich.«

»Und beim letzten Mal?«

»Daran erinnere ich mich nicht.«

»Denken Sie nach.«

»Ich weiß es nicht!«

»Wie haben Sie Mira in der Regel beruhigt, wenn sie nicht schlafen konnte?«

»Ich habe sie hochgenommen und durch die Wohnung

getragen. Ich habe sie ein bisschen geschaukelt und leise mit ihr geredet. Manchmal habe ich gesummt. Wenn es nicht zu spät war, habe ich den Fön eingeschaltet, das hat sie immer beruhigt.«

»Ist es vorgekommen, dass Sie die Geduld mit Mira verloren haben, wenn sie sich nicht beruhigen ließ?«

»Nein. Also, ich habe mich schon auch mal geärgert, wenn sie nicht zu weinen aufhörte. Aber ich habe nie die Geduld verloren.«

»Und Ihre Frau?«

»Sie auch nicht. Sie ist die Geduldigere von uns beiden.«

»Ist es nicht eher so, dass Sie oder Ihre Frau es in jener Nacht nicht mehr ausgehalten haben, dass Sie unter Schlafmangel litten, mit den Nerven am Ende waren, und dass Sie oder Ihre Frau das Kleinkind geschüttelt haben, damit es endlich still ist?«

»Nein, so war das nicht.«

»Und als Sie realisierten, dass Mira nicht mehr atmete, als Ihnen klar wurde, was passiert war, dass sie tot war, da haben Sie einen Pakt geschlossen: Wenn Sie schon das Kind verloren hatten, wollten Sie nicht auch noch einander verlieren. Also hat der eine den anderen gedeckt und nicht verraten. Sie haben den Arzt angerufen und ihm gesagt, Mira habe plötzlich nicht mehr geatmet.«

»Nein, das stimmt nicht. Mira ist am plötzlichen Kindstod gestorben. Das hat die Obduktion bewiesen.«

»Bei plötzlichem Kindstod kann nie mit hundertprozentiger Sicherheit ausgeschlossen werden, dass das Baby nicht doch durch Gewalteinwirkung gestorben ist.«

»Es stimmt trotzdem nicht, was Sie sagen. Wir haben Mira nichts angetan, weder Vera noch ich.«

»In der Nacht, als Sophie und Noah starben … Sie sagten, Vera habe Sie geweckt?«

»Ja. Weil sie Licht gesehen hat. Und weil die Schlafzimmertür fast geschlossen war.«

»Sie sind beide gemeinsam aufgestanden und nachsehen gegangen?«

»Richtig.«

»Wer ging voran?«

»Ich.«

»In welches Zimmer gingen Sie zuerst?«

»In Noahs Zimmer.«

»Warum?«

»Weil es näher bei unserem Schlafzimmer liegt.«

»Wann haben Sie festgestellt, dass eingebrochen worden ist?«

»Erst nachdem ich bei Sophie war.«

»Sie sind um halb vier aufgestanden, nachdem Sie kurz vor elf Uhr schlafen gegangen sind?«

»Korrekt.«

»Als Sie zu Bett gingen, lagen die Weihnachtsgeschenke noch nicht unter dem Baum – als Sie aufwachten, waren sie aber da.«

»Ich glaube ja.«

»Könnte es nicht auch anders gewesen sein?«

»Ich habe Ihnen alles genau so erzählt, wie es geschehen ist.«

»Jetzt erzähle ich Ihnen mal, wie es sich auch abgespielt haben könnte. Ihre Familie hat nicht mehr funktioniert. Das hätten Sie niemals zugegeben, stets haben Sie ein idealisiertes, perfektes Bild von Ihrer Familie gezeichnet. Sie wollten den Schein wahren, dabei sah in Wirklichkeit alles ganz anders aus. Die Kinder sind größer geworden und waren nicht mehr klein und brav und folgsam und pflegeleicht. Sie wurden anspruchsvoller und schwieriger im Umgang, es war nicht mehr so einfach, Drill und Ordnung durchzusetzen. Sie und Ihre Frau waren überfordert und nicht mehr glücklich. Ihre Frau hat sich Liebhaber gesucht, Sie haben sie damit konfrontiert, sich ausgesprochen und dabei erkannt, dass Sie sich verlieren. Was Sie beide nicht wollten. Sie haben über das Leben nachgedacht, wie es einmal war und was daraus geworden ist. Sie haben einen Neustart beschlossen – bei dem die Kinder im Weg waren. Sie haben sich mit Ihrer Frau darüber unterhalten, die Kinder in ein Heim abzuschieben. Doch irgendwann sind Sie zu dem Schluss gekommen, dass es einfacher wäre, wenn die Kinder gar nicht mehr da wären. Das Leben würde so sein wie früher. Unbelasteter. Sie wollten wieder frei sein. Das war nicht Ihre Idee, es war die Idee Ihrer Frau. Doch Sie sind darauf eingegangen. Womöglich haben Sie es schon lange im Voraus geplant. Vielleicht erschien Ihnen Weihnachten als das passende Datum.«

»Hören Sie auf damit! Das ist totaler Unsinn.«

»Sie und Ihre Frau warteten, bis niemand mehr wach war im Haus. Dann legten Sie die Geschenke unter den Weihnachtsbaum, als gingen Sie davon aus, dass sie am nächsten Tag ausgepackt würden. Sie öffneten das Fenster, nahmen Kleidung aus den Schränken, ließen es so aussehen, als ob ein Einbrecher in Ihre Wohnung eingestiegen wäre. Danach begaben Sie sich zuerst zu Noah und erstickten ihn, anschließend brachten Sie Sophie um.«

»Nein! Nein! Nein! Seien Sie still!«

»Sie waren sicher, unbescholten davonzukommen, wenn es nach einem Einbruch aussehen würde. Wer sollte schon die armen Eltern verdächtigen, die gerade ihre Kinder verloren hatten? Wer sollte ahnen, dass Sie Ihrer Kinder überdrüssig geworden sind, wo Sie doch immer Wert auf das Bild der heilen und glücklichen Familie gelegt haben? Hinter die Fassade haben Sie niemanden blicken lassen.«

»Nie hätten wir unseren Kindern etwas angetan!«

»Sie sehnten die alten Zeiten zurück. Das Leben zu zweit. Nur Sie und Ihre Frau.«

»So war es nicht!«

»Wie war es dann?«

»Ich weiß es nicht!«

»Ich denke, Sie wissen es. Aber Sie haben recht, vielleicht liege ich völlig falsch. Vielleicht war es ganz anders. Sie haben Ihre Kinder nicht umgebracht.«

»Nein, das habe ich nicht.«

»Aber Sie wissen, wer es getan hat. Sie sind aufgewacht, weil Sie etwas gehört haben. Sie sind aufgestanden und haben Vera dabei überrascht, wie sie die Kinder umgebracht hat. Aber es war zu spät. Sie sind zu spät gekommen. Wie damals – bei Mira.«

»Schweigen Sie!«

»Ihre Frau war mit den Kindern und dem Leben überfordert, sie konnte nicht mehr. Gut möglich, dass sie sich danach selbst umbringen wollte, um wieder mit den Kindern vereint zu sein, doch ihren Suizid haben Sie verhindern können. Sie wussten, dass Sie damit zur Polizei gehen sollten, dass Sie Ihre Frau anzeigen müssten, aber das wollten Sie nicht. Die Liebe zu Ihrer Frau war stärker. ›Wir schaffen das‹, haben Sie zu Vera gesagt, ›du musst nicht ins Gefängnis‹, haben Sie ihr versprochen. Da hatten Sie eine Idee: Sie stellten einen Einbruch nach, damit der Verdacht nicht auf Vera fällt. Und daran halten Sie bis heute fest, weil Sie es so mit Vera besprochen haben, weil Sie nicht von Ihrem Plan abweichen wollen, obwohl Sie aufgeflogen sind, obwohl gesichert ist, dass es keinen Einbrecher gegeben hat. Aber Sie sind ein Mann der Prinzipien, Sie weichen nicht von einer Abmachung ab, darum beharren Sie weiter darauf, dass Sie keine Ahnung haben und dass es einen Einbrecher gegeben haben muss. Sie stellen sich stur, im Irrglauben, dass Sie dadurch sich und Ihre Frau decken können. Doch glauben Sie mir, das Gegenteil ist der Fall, Sie machen alles nur noch schlimmer!«

»Schlimmer? Schlimmer? Sie haben keine Ahnung, was Sie sagen und was Sie behaupten. Schlimmer? Nein, schlimmer kann es nicht mehr werden.«

Dorothea Balmert

Frauenärztin

Vera Scherrer ist seit zehn Jahren meine Patientin. Ich habe sie dreimal während einer Schwangerschaft begleitet und war bei zwei der drei Geburten dabei, die beide ohne größere Komplikationen verlaufen sind.

Vera Scherrer hat sich in den Jahren verändert. Der Tod des ersten Kindes hat sie sehr mitgenommen. Sie ist schnell, vielleicht zu schnell wieder schwanger geworden und hat während dieser zweiten Schwangerschaft massiv zugenommen. Es ist vorstellbar, dass die Gewichtszunahme in Zusammenhang mit der psychischen Belastung stand. Für Vera Scherrer war es ein großes und schwieriges Thema, ob sie mit dem neuen Kind nicht einfach eine Art Ersatz schaffe für die verstorbene Mira, sie hat damit gehadert und sogar über eine Abtreibung nachgedacht. Wenn Sie mich nach meiner persönlichen Meinung fragen, dann waren ihre Zweifel und ihre psychische Verfassung die Ursache für ihre Gewichtsprobleme.

Nach der Schwangerschaft mit Sophie nahm sie weiter zu, und nach der dritten Schwangerschaft wurde es noch schlimmer. Bis sie sich schließlich für den Eingriff entschied und sich ein Magenband einsetzen ließ. Soweit sie mich informiert hat, ist die Operation nicht gut verlaufen und musste wiederholt werden. In den letzten zwei Jahren hat Vera Scherrer schließlich wieder massiv an Gewicht verloren und dabei ein immenses Tempo vorgelegt. Manchmal kam es mir vor, als habe sie einen viel zu großen und schweren Mantel abgelegt und darunter sei eine neue Person hervorgekommen. Vielleicht war es aber keine neue Person, sondern eine Person von früher – jene Vera Scherrer, die sie einmal gewesen war.

Ich stufte Vera Scherrers Entwicklung im letzten Jahr als eher positiv ein. Die gesundheitlichen Probleme, die nach der Magenbandoperation aufgetreten waren, bekam sie in den Griff, sie wirkte wieder lebensfroher und aufgestellter.

Kurz bevor Vera Scherrers Kinder getötet wurden, kam es allerdings zu einer seltsamen Begebenheit. Sie rief mich am 17. Dezember an und fragte nach einem Termin, um sich unterbinden zu lassen. Das Thema war nicht ganz neu. Schon kurz nach Noahs Geburt haben wir uns darüber unterhalten. Doch dann haben sich die Scherrers dazu entschieden, dass der Ehemann sich einer Vasektomie unterzieht, darum war das Thema für Vera Scherrer vom Tisch. Bis eben am 17. Dezember, und auf einmal schien es ganz dringend zu sein. Weil es so kurz vor Weihnachten war, konnte ich unmöglich auf die Schnelle einen Termin für einen derartigen Eingriff vereinbaren. Also legten wir das Datum für die Operation auf den 21. Januar fest.

Aber so weit ist es ja nun nicht mehr gekommen. Warum sich Vera Scherrer sterilisieren lassen wollte, ging aus unserem Telefonat nicht klar hervor. Sie sagte lediglich, es gebe Probleme mit dem Ehemann. Ich ging davon aus, dass sie sich neu verliebt hatte. Denn wie gesagt, ich wusste, dass sich ihr Mann hatte sterilisieren lassen. Ich hatte allerdings schon bei früheren Konsultationen das Gefühl, dass Vera Scherrer Angst davor hatte, schwanger zu werden. Bereits im November sagte sie zu meiner Assistentin, dass sie eine Verhütungsmethode brauche, die Pille, eine Spirale oder, eben, allenfalls eine Unterbindung.

Während des Telefongesprächs habe ich versucht, die Situation zu beruhigen, ich sagte ihr, dass wir das in Ruhe bei der Frühjahrskontrolle im Januar besprechen könnten. Schließlich ist eine Unterbindung für eine Frau ein großer Eingriff. Aber sie ließ sich um keinen Preis davon abbringen; sie wollte bereits einen fixen Operationstermin festlegen, sie zeigte sich überzeugt, dass kein Vorgespräch nötig sei.

Heute, im Nachhinein, im Wissen um den Tod ihrer beiden Kinder, mutet das alles etwas seltsam an. Aber ich bin nicht da, um zu urteilen. Ich kann nur berichten, was ich weiß.

13. Befragung

Anwesende:
Belinda Schwarz, polizeiliche Sachbearbeiterin,
Bernhard Scherrer, Beschuldigter,
und Pflichtverteidiger Markus Kerner

Wie geht es Ihnen heute, Herr Scherrer?«

»Warum fragen Sie das immer? Ich glaube nicht, dass Sie das wirklich interessiert.«

»Doch, das tut es.«

»Mir geht es schlecht.«

»Möchten Sie mir etwas erzählen?«

»Ich habe schon alles gesagt.«

»Ich habe trotzdem noch ein paar Fragen.«

»Habe ich eine Wahl?«

»Ich möchte mit Ihnen über die früheren Einbrüche reden.«

»Das hatten wir doch schon.«

»Ihre Frau hat uns von einem Mann erzählt, der sie vor dem ersten Einbruch in der Waschküche bedroht hat. Was wissen Sie darüber?«

»Ein Mann? In der Waschküche?«

»Ja.«

»Ich erinnere mich nicht. Möglich, dass sie ihn mal erwähnt hat. Aber ich habe keine Erinnerung daran.«

»Sie sagten, dass der erste Einbruch Ähnlichkeiten aufwies mit dem angeblichen Einbruch in der Mordnacht.«

»Sie behaupten ja, dass es kein Einbruch war.«

»Was war ähnlich?«

»Dass meine Frau mich weckte, dass ich durch die Wohnung ging und nicht wusste, ob noch jemand da war. Dass Licht brannte.«

»Sie sagten über den ersten Einbruch: ›In der Wohnung herrschte Unordnung.‹ Können Sie diese Unordnung beschreiben?«

»Unordnung halt. Was wollen Sie hören?«

»War ebenfalls Kleidung aus den Schränken geräumt worden?«

»Ja.«

»War sie ordentlich gestapelt oder lag sie wild verstreut?«

»Das weiß ich nicht mehr.«

»Denken Sie bitte noch einmal nach, versetzen Sie sich zurück in jene Nacht.«

»Es war nicht ein riesiges Chaos. Einfach eine Unordnung. Aber es wurde nicht alles wild herausgerissen, das nicht.«

»Es fehlte Ihre Kreditkarte, und damit wurde Geld abgehoben?«

»Ja.«

»Und beim zweiten Einbruch, war es da chaotischer in der Wohnung, nachdem Sie aufgewacht waren?«

»Nein, es sah ähnlich aus wie beim ersten Mal.«

»Glauben Sie, dass diese ersten beiden Einbrüche wirklich stattgefunden haben?«

»Wie meinen Sie das?«

»Bitte beantworten Sie meine Frage.«

»Natürlich haben die stattgefunden. Oder denken Sie, dass ich zur allgemeinen Erheiterung gelegentlich Einbrüche fingiere, um die Polizei bei Laune zu halten?«

»War es denn so?«

»Nein, natürlich nicht.«

»Ist es möglich, dass Ihre Frau die Einbrüche nur simuliert hat?«

»Warum sollte sie das tun?«

»Erachten Sie es als möglich?«

»Nein, undenkbar.«

»Sind Sie sicher? Hat sich Ihre Frau in der Zeit um die Einbrüche seltsam verhalten, oder wirkte sie angeschlagen, gestresst, nervös?«

»Nein. Nein, Sie liegen falsch, das war sie nicht. Das hätte ich doch gemerkt.«

»Erinnern Sie sich an den Vorfall mit der Kreditkarte Ihrer Schwester?«

»Welchen Vorfall?«

»Sie erinnern sich nicht?«

»Ich weiß nicht, wovon Sie sprechen.«

»Als Ihrer Schwester die Kreditkarte entwendet und damit Geld abgehoben wurde.«

»Nein, ein solcher Vorfall ist mir nicht bekannt.«

»Sie haben nie davon gehört? Oder ist es möglich, dass Sie es vergessen haben?«

»Nein, ich glaube, daran würde ich mich erinnern.«

»Wenn Ihre Frau von ihren Erlebnissen erzählt, neigt sie manchmal dazu, zu übertreiben?«

»Übertreiben? Ich würde es ausschmücken nennen. Das tun wir doch alle. Sie ist eine gute Erzählerin.«

»Gab es Momente in Ihrer Ehe, in denen Sie gemerkt haben, dass Ihre Frau Sie anlügt?«

»Nein. Meine Frau ist keine Lügnerin.«

»Oder anschwindelt? Es kann um Kleinigkeiten gehen.«

»Nein. Sie schwindelt niemanden an.«

»Sie hat uns erzählt, dass Sie einmal in der Nacht im Schlaf den Namen Monika genannt hätten.«

»Das ist möglich, ich weiß nicht, ich habe ja geschlafen.«

»Sie hat uns berichtet, dass sie Sie mit Ihrer Geliebten auf dem Sofa erwischt hat.«

»Das muss ein Irrtum sein. Sie müssen das falsch verstanden haben. So etwas ist nie passiert, ich habe keine Geliebte, hatte nie eine, ich war immer treu.«

»Obwohl Ihre Frau uns das erzählt hat und Sie selbst das Gegenteil behaupten, sagen Sie, dass sie keine Lügnerin ist?«

»Vera lügt nicht. Es muss ein Missverständnis sein. Bestimmt hat sie etwas durcheinandergebracht, weil Sie sie zu sehr unter Druck gesetzt haben.«

»Warum nehmen Sie Ihre Frau in Schutz?«

»Ich nehme sie nicht in Schutz. Ich weiß, dass sie nicht lügt. Ich kenne sie besser als irgendjemanden auf der Welt.«

»Trotzdem haben Sie nicht gemerkt, dass Ihre Frau Sie betrogen hat? Trotzdem verklären Sie Ihre Ehe als sorgenfrei, während Ihre Frau sehr konkret über eine Trennung nachgedacht hat?«

»Sie wollte sich nicht trennen. Sie treiben hier ein hinterhältiges Spiel mit uns und wiegeln uns gegeneinander auf. Aber Sie werden damit nichts erreichen.«

»Haben Sie hier schon Besuch erhalten?«

»Besuch?«

»Von Ihrer Familie?«

»Ja, mein Vater war hier.«

»Falls Ihre Schwester Sie besuchen kommt: Fragen Sie sie nach dem Vorfall mit der Kreditkarte.«

Gabriela Forster

Schwester von Bernhard Scherrer

Von einem Tag auf den anderen ist unsere Familie zerstört worden. Ich war gerade mit den Kindern auf dem Spielplatz, als mein Vater anrief, doch noch bevor er zum Sprechen ansetzen konnte, ist er in Tränen ausgebrochen. Ich habe kein Wort verstanden und war zuerst überzeugt, dass Mutter gestorben wäre. Erst als sich mein Vater etwas beruhigt hatte, realisierte ich, dass es um Bernhard ging. Und um Sophie und Noah. Auch das Wort Polizei erkannte ich, ich rechnete mit einem Unfall. Ein Unfall, womöglich mit schlimmem Ausgang, aber noch klammerte ich mich an die Hoffnung, dass niemand gestorben war. Wo Bernhard jetzt wäre?, fragte ich Vater. Er antwortete: Im Gefängnis.

Ich gebe es nicht gerne zu, aber in diesem Moment dachte ich, dass Vater erkrankt war, dass er nicht mehr bei klarem Verstand war. Ich verstand überhaupt nichts mehr. Nach und nach fand er die Worte wieder, aber ich konnte noch immer nicht glauben, was er sagte: Sophie und Noah tot, von einem Einbrecher ermordet, Vera und Bernhard im Gefängnis. Die Geschichte, die mir mein Vater erzählte, hatte nichts Wirkliches an sich. Ich konnte einfach nicht glauben, dass das tatsächlich passiert war. Bis es zwei Tage später in allen Zeitungen stand.

Acht Wochen sind seit der Tat vergangen, acht Wochen, und noch immer wissen wir nicht, wer die Kinder umgebracht hat, noch immer sind Vera und Bernhard in Untersuchungshaft. Und, das muss ich ehrlich sagen, noch immer kann ich nicht fassen, dass das wirklich geschehen ist und immer noch geschieht. Ich begreife es einfach nicht. Dass Bernhard im Gefängnis sitzt, ist ein riesiger Justizskandal. Das wird ein Nachspiel haben, so viel ist sicher.

Das letzte Mal, dass ich Vera und Bernhard und die Kinder gesehen habe, war im November. Es kommt mir sehr viel länger vor, als wäre es in einem anderen Jahrhundert gewesen oder in einem anderen Leben. Wir trafen uns im Café Neuhaus. Ich wusste, dass es Vera eine lange Zeit nicht gut ergangen ist, dass bei der ersten Magenbandoperation etwas schiefgelaufen war, aber sie sah sehr viel schlanker aus als bei unserem vorletzten Kontakt. Auch gesünder und munterer.

Meinem Bruder wird vorgeworfen, er hätte die Kinder getötet, weil Vera sich trennen und ihm die Kinder wegnehmen wollte. Ich halte das für Unsinn. Aber natürlich macht man sich trotzdem seine Gedanken. Ich zerbreche mir wieder und wieder über die beiden den Kopf. Aber ich komme stets zum selben Schluss: Über die Beziehung zwischen meinem Bruder und Vera kann ich nichts Schlechtes sagen. Es ist mir nichts aufgefallen. Bei diesem letzten Mal, als ich sie gesehen habe, wirkten sie wie immer, vertraut, friedlich, nichts deutete darauf hin, dass sie sich über eine Trennung Gedanken machten. Man spürt es, wenn die Situation zwischen zwei Menschen angespannt ist, aber da war nichts. Alles war ganz normal und so wie immer.

Ich habe auch über meinen Bruder nachgedacht. Nächtelang, wenn ich wach gelegen habe. Ich versichere Ihnen: Man kann es drehen und wenden, wie man will, mein Bruder hat seine Kinder nicht getötet. Bernhard ist ein sehr guter Mensch und ein fürsorglicher Mann. Er ist überaus großzügig und hat Vera immer in allem unterstützt. Die Behauptung, dass ihm Geld wichtig war, ist falsch. Er war auch nicht mit den Kindern überfordert. Das stimmt alles nicht.

Es waren wunderbare Kinder.

Falls es wirklich keinen Einbrecher gegeben hat, dann muss es Vera gewesen sein, obwohl auch diese Theorie für mich schwer vorstellbar ist. Sie war immer nett zu mir, fürsorglich fast, wenn ich zu Gast war. Sie wirkte aufgeweckt, aber ich wusste von Bernhard, dass sie nicht immer glücklich war. Sie ist eine Zugezogene und hat hier kein großes soziales Netz, aber ich hatte manchmal auch den Eindruck, dass sie nicht viel dafür tat, um besser integriert zu sein.

Und dann war da eben die Geschichte mit der Kreditkarte. Ich wollte sie der Polizei zunächst nicht erzählen, weil es erstens lange her ist und es zweitens nichts zur Sache tut. Aber sie haben gesagt, dass alles, was ich weiß, wichtig sein kann. Selbst das kleinste Detail. Also hab ich es dann doch erzählt.

Es geschah nach Miras Tod und vor Sophies Geburt. Ich war bei Bernhard und Vera zu Besuch, weil ich meinen Bruder in der schweren Zeit unterstützen wollte, ich sprach lange mit ihm, draußen im Garten. Vera war drinnen in der Wohnung, das dachte ich zumindest. Zwei, drei Wochen später entdeckte ich auf der Kreditkartenabrechnung, dass an einem Geldautomaten Bargeld abgehoben worden war, aber nicht von mir. Ich vermisste meine Karte gar nicht und vergewisserte mich, ob ich sie noch hatte, und sie steckte tatsächlich in meinem Portemonnaie, dort, wo sie immer ist. Ich fand das sehr eigenartig und intervenierte natürlich bei meiner Bank, die prüfte, wann genau und bei welchem Automaten die Auszahlung erfolgt ist. Ich schaute in meiner Agenda nach und sah, dass ich zu dieser Zeit bei Bernhard zu Besuch war. Hier handelte es sich eindeutig um ein Missverständnis, es konnte niemand mit meiner Karte Geld abgehoben haben. Doch die Bank behauptete nach wie vor das Gegenteil und schickte mir schließlich als Beweis die Videoaufnahme des Geldautomaten. Ich konnte kaum glauben, was ich darauf sah: Das Video zeigte, dass Vera mit meiner Karte Geld abgehoben hatte. Sie muss das ganze Portemonnaie aus meiner Tasche entwendet haben – ich bewahre den PIN-Code darin auf –, danach hat sie es wieder zurückgesteckt. Ich entschied mich, keine Anzeige zu erstatten. Auch wollte ich Bernhard nicht einweihen, bevor ich mit Vera darüber geredet hatte.

Ich stellte sie also zur Rede, und Vera gab es sofort zu. Sie gab mir auch das Geld umgehend zurück. Sie erklärte, es sei aus einem Reflex heraus geschehen, sie verstehe es selbst nicht, es tue ihr leid. Und sie flehte mich an, es Bernhard nicht zu sagen. Das tat ich dann auch nicht. Er ist zwar mein Bruder … aber mir war klar, dass sich Vera in einem Ausnahmezustand befand, sie war nicht sie selbst nach dem Tod von Mira. Ich versetzte mich in ihre Lage und erkannte, dass auch ich nicht gewollt hätte, dass mein Mann davon erfahren würde, wenn ich so etwas gemacht hätte. Also schwieg ich. Vielleicht war es auch ein Fall von Frauensolidarität. Auf jeden Fall habe ich sie nicht verraten.

Vielleicht hätte ich die Angelegenheit gegenüber der Polizei nicht erwähnen sollen. Das wirft nun womöglich ein schlechtes Licht auf Vera, was nicht meine Absicht war.

Ich kann mir auch vorstellen, dass Sie nun denken, ich erzähle diese Geschichte einzig darum, weil ich meinen Bruder reinwaschen und den Verdacht auf Vera lenken will. Aber so ist es nicht. Die Sache mit der Kreditkarte ist nicht wichtig. Sie hat nichts zu bedeuten. Und vor allem bedeutet es noch lange nicht, dass eine Frau, die neben sich steht, weil sie gerade ein Kind verloren hat, und die aus einem Reflex heraus eine Kreditkarte entwendet und unerlaubterweise Geld damit abhebt, dass diese Frau Jahre später ihre eigenen Kinder umbringt. Das heißt es natürlich nicht. Ich hab davon erzählt, weil die Polizei darauf insistiert hat, dass jedes Detail wichtig sein könnte. Aber dieses Detail ist nicht wichtig.

Ich weiß, dass Bernhard es nicht getan hat. Er ist kein Mörder. Und ich glaube auch nicht, dass Vera die Kinder umgebracht hat. Sie liebten beide ihre Kinder. Ich hoffe noch immer, dass man den wahren Täter findet und dass es jemand ist, den ich nicht kenne.

14. Befragung

Anwesende:
Belinda Schwarz, polizeiliche Sachbearbeiterin,
Bernhard Scherrer, Beschuldigter,
und Pflichtverteidiger Markus Kerner

Haben Sie mit Ihrer Schwester sprechen können?«
»Ja.«

»Haben Sie sie danach gefragt?«

»Sie meinen den Zwischenfall mit der Kreditkarte?«

»Ja.«

»Wir haben darüber gesprochen. Eine kleine, dumme Geschichte. Ich verstehe nicht, warum das wichtig sein soll.«

»Herr Scherrer, haben Sie Kenntnis davon, dass Ihre Frau an einem Tag drei Mal nacheinander in eine Radarkontrolle geraten ist?«

»Nein. Warum stellen Sie diese seltsamen Fragen?«

»Herr Scherrer, ich war immer offen zu Ihnen …«

»Das bezweifle ich.«

» … und ich möchte auch heute offen zu Ihnen sein. Im ersten Moment, als uns klar war, dass es keinen Einbrecher gab, waren Sie und Ihre Frau gleichermaßen verdächtig. In den Befragungen Ihrer Frau wurde mir indes schnell klar, dass es da noch andere Männer gab, dass sie Trennungsabsichten hegte. Darum verstärkte sich der Verdacht gegen Sie: Sie hatten ein Motiv.«

»Ich hatte kein Motiv, meine Kinder umzubringen! Ich

wusste nichts von den Affären meiner Frau. Wie oft muss ich es noch sagen?«

»Bitte lassen Sie mich ausreden. Ihre Frau hat uns erzählt, dass auch Sie eine Affäre gehabt hätten, mit einer Monika. Dieser Behauptung sind wir nachgegangen, sie ließ sich jedoch nicht erhärten. Wir haben keine Nachrichten gefunden, und wir haben alle sechs Monikas in Ihrem Umfeld befragt. Keine von ihnen will eine Affäre mit Ihnen gehabt haben.«

»Weil ich nie mit einer anderen Frau eine Affäre hatte.«

»Sie haben in diesem Punkt nicht gelogen.«

»Ich lüge nicht.«

»Ich bin zwar nicht sicher, ob Sie mir in den Befragungen immer die Wahrheit gesagt haben – aber Sie sind stets bei dem geblieben, was Sie uns von Anfang an erzählt haben. Wir nennen das ein konstantes Aussageverhalten. Anders als Ihre Frau.«

»Worauf wollen Sie hinaus?«

»Sie leugnete zunächst, sich mit anderen Männern getroffen zu haben. Erst als wir das aufgrund der Nachrichten auf ihrem Handy beweisen konnten, gab sie es zu. Ab der dritten Befragung Ihrer Frau tauchten dann plötzlich verdächtige Personen auf, die es vorher nicht gab: Der Mann in der Waschküche, der sie bedroht haben soll. Ein Mann, der das Haus beobachtet haben soll. Ein Mann, der sie im Café belauscht haben soll, als Noah erzählte, dass sein Papi viel Geld habe …«

»Und, sind Sie diesen Spuren nachgegangen?«

»Ich hatte von dem Moment an das Gefühl, dass Ihre Frau beginnt, falsche Spuren zu legen. Wir kennen dieses Aussageverhalten, es ist ein Muster, dem wir in Einvernahmen hin und wieder begegnen: Die befragte Person versucht, einen möglichen Täter ins Spiel zu bringen. Was mir im Moment noch nicht ganz klar ist: Machte sie das, um von sich selbst abzulenken, oder weil sie versuchte, von Ihnen abzulenken, um Sie zu schützen? Sagen Sie es mir.«

»Das sind alles Unterstellungen. Woher wollen Sie wissen, dass sich meine Frau nicht wirklich bedroht und belauscht fühlte?«

»Weil es ihr erst bei der dritten und der vierten Befragung eingefallen ist.«

»Vielleicht hat sie es nicht als wichtig erachtet. Oder sie hat gerade nicht daran gedacht, es war ihr entfallen.«

»Ihre Kinder sind getötet worden – und Ihre Frau soll es nicht als wichtig erachtet haben, dass sie bedroht und belauscht worden ist?«

»Sie waren nie in unserer Situation. Man kann nicht mehr klar denken. Das Gehirn funktioniert nach einem Ereignis wie diesem nicht mehr wie üblich, das sollten Sie in Ihrer Funktion eigentlich wissen. Sie können uns daraus keinen Strick drehen.«

»Herr Scherrer, kehren wir noch einmal zurück zu der Nacht, als Ihre Kinder starben. Sie schilderten, dass Sie vor Ihrer Frau zuerst Noahs und dann Sophies Zimmer betreten haben.«

»Richtig.«

»Danach gingen Sie ins Wohnzimmer und entdeckten, dass das Fenster offen stand.«

»Ja.«

»Hatten Sie das Gefühl, dass Ihre Frau Sie mit Worten durch die Wohnung dirigiert hat, Sie zuerst in die Zimmer der Kinder, dann Richtung Wohnzimmer führte?«

»Ich habe keine Erinnerung daran, wo sich Vera aufhielt, ich weiß nur, dass sie in der Nähe war. Aber ich schließe es aus, dass sie mich in irgendeiner Weise ›dirigiert‹ hat, wie Sie es nennen. Sie war ebenso schockiert und hilflos wie ich.«

»Ihre Frau hat in den ersten Befragungen kategorisch ausgeschlossen, dass Sie die Kinder umgebracht haben könnten. Erst mit der Zeit hat sie ihre Meinung geändert und Sie belastet. Heute sagt Ihre Frau, Sie müssen es gewesen sein.«

»Ich zweifle nicht daran, dass Sie Vera mit Ihrer zermürbenden Befragungstaktik so weit gebracht haben.«

»Herr Scherrer, ich denke heute eher, dass Sie Ihre Kinder nicht getötet haben.«

»Wollen Sie damit etwa behaupten, meine Frau habe unsere Kinder umgebracht?«

»Ja. Ich bin mir ziemlich sicher.«

Berna Schmitz

Verkäuferin

Ich kenne Vera vom Geschäft. Ich arbeite als Verkäuferin bei Schuhe Hoffmann, seit vielen Jahren schon. Vera Scherrer war Kundin bei uns, dabei haben wir uns, nun ja, man kann sagen, wir haben uns angefreundet. Manchmal kam sie einfach für einen Schwatz vorbei, oder sie half mir sogar, Gestelle einzuräumen. Oft hatte sie ihre beiden Kinder dabei. Ich mochte Sophie und Noah sehr.

Vera hätte wohl gerne im Laden mitgearbeitet. Aber es war keine Stelle frei, wir konnten sie also nicht einstellen. Meine Chefin hat dann irgendwann sogar interveniert, weil sich Vera zu oft im Geschäft aufhielt, als sich das nicht änderte, hat sie ihr sogar ein Hausverbot erteilt. Ich hatte den Eindruck, dass Vera gar nicht unbedingt Arbeit suchte, sondern dass sie einsam war und jemanden zum Reden brauchte. Sie wollte einfach unter Menschen sein.

Nachdem sie nicht mehr ins Geschäft kommen durfte, habe ich sie manchmal im Café gleich um die Ecke getroffen. Sie war sehr oft da, jeden zweiten Tag, auch dort hatte sie die Kinder meist bei sich. Noah und Sophie waren sehr liebe Kinder, habe ich das schon gesagt? Wohlerzogen und höflich. Sie trugen immer tadellos saubere Kleidung. Manchmal kamen sie mir vor wie kleine Erwachsene.

Vera ging es eine ganze Zeit lang nicht so gut, wegen der Operation. Ihr Gewichtsverlust fiel massiv aus. Später hatte sie dann auch noch eine Krampfaderoperation und

Gallensteine. Sie war sehr oft im Spital und hat mir leid-getan.

Und jetzt dieser immense Verlust. Mir fehlen noch immer die Worte.

Ich mag Vera. Sie ist sehr hilfsbereit in jeder Art und Weise, eine pflichtbewusste, selbstbewusste, ehrliche Frau mit einem starken Charakter. Aber der Tod der zwei Kinder, ich weiß nicht, ob sie das schafft, ich fürchte, daran wird sie zerbrechen. Sie hat schon den Tod des ersten Kindes kaum verkraftet. Vera trug immer ein Bild von Mira im Porte-monnaie, das hat sie mir mal gezeigt. Sie erzählte mir, dass sie jeden Tag Miras Grab besuche.

Über die Kinder haben wir oft gesprochen, über ihre Ehe hingegen haben wir nicht viel geredet. Das war irgendwie kein Thema, seltsam eigentlich. Vera deutete lediglich ein-mal an, dass es zwischen ihr und ihrer Schwägerin, Bern-hards Schwester, Spannungen gab. Ich habe das Gefühl, dass Vera von der Familie ihres Mannes nie richtig akzep-tiert worden ist. Warum, weiß ich nicht.

Ich erlebte Vera meistens gut gelaunt, fast immer. Manch-mal hat sie mir spontan ein Geschenk mitgebracht. Wenn ich sagte, dies oder das gefalle mir, hat sie es sich gemerkt und es mir später gekauft. Eigentlich fand ich das etwas übertrieben, und es war mir nicht ganz wohl dabei, ich musste daher aufpassen, was ich sagte. Sie wäre imstande gewesen und hätte mir ein neues Fahrrad gekauft, wenn ich gesagt hätte, ich bräuchte ein neues Fahrrad. Sie war über-haupt sehr großzügig, man merkte, dass sie nicht aufs Geld schauen musste. Sie hat jede Woche für Zighunderte Fran-ken Lebensmittel eingekauft, manchmal hat sie an einem Tag zwei- bis dreihundert Franken dafür ausgegeben und am nächsten Tag gleich wieder.

Das Einzige, das mir an Vera auffiel und das mir seltsam

vorkam, war ihre Schusseligkeit bei Dingen, die man eigentlich nicht durcheinanderbringen kann. Als sie mir das erste Mal von Mira erzählte, sagte sie, das Mädchen sei acht Monate alt gewesen, als es starb. Sie erklärte, Mira habe eine zu große Lunge gehabt, doppelt so groß wie eine normale Lunge, und sie hätten sich damals überlegt, den Kinderarzt anzuzeigen, weil er es nicht gemerkt habe. Später dann war Mira plötzlich acht Wochen alt, als sie gestorben war. Gut, man kann sich schon mal versprechen und die Wörter *Monat* und *Woche* verwechseln, aber ich erinnere mich, dass ich beim ersten Mal nachgefragt habe: »Acht Monate alt?« Und sie hat mich damals nicht korrigiert. Erst als sie später erneut von Mira erzählte, war sie auf einmal im Alter von acht Wochen gestorben. Ich wies Vera daraufhin, dass sie das letzte Mal von acht Monaten gesprochen habe – aber sie behauptete, dass das nicht stimme. Das ist nur ein Beispiel. Hin und wieder hat sie einfach Dinge durcheinandergebracht. Heute frage ich mich, ob es eine psychologische Folge aufgrund der Trauer um Mira gewesen sein könnte.

Auch ein zweites Mal ist etwas Seltsames geschehen. Vera hat oft über ihre Gesundheit geklagt, aber sie hatte auch wirklich viel Pech. An einem Tag, an dem wir uns im Café treffen wollten, schrieb sie mir, sie sei im Spital, sie habe einen Unfall gehabt, ein Betrunkener sei in sie hineingefahren. Ich machte mir Sorgen und wollte sie im Krankenhaus besuchen, ich hatte extra Blumen gekauft. Aber als ich am Empfang stand, beschied man mir, dass bei ihnen keine Vera Scherrer liege. Ich hab sie angerufen, sie gefragt, wo sie sei. Daraufhin erklärte sie, sie sei mit dem Helikopter ins Universitätsspital in Zürich geflogen worden. Ich hörte es ihr schon am Telefon an, dass es nicht stimmte. Später hat sie es dann auch zugegeben. Das fand ich schon recht eigenartig, das macht man doch nicht, die eigenen Freunde anschwindeln. Sie hat sich damals herausgeredet, dass es ihr gerade nicht gut gegangen sei, und sie hat sich auch entschuldigt.

Es war Anfang Dezember, als ich Vera das letzte Mal gesehen habe. Ich hatte das Gefühl, dass etwas nicht stimmte. Sie kam mit ihren Kindern ins Café. Sophie und Noah waren sonst immer lebhaft, doch an diesem Morgen waren sie sehr still. Noah sagte plötzlich: »Der Papi verlässt uns.« Ich habe Vera fragend angesehen, aber sie beschwichtigte, dass Bernhard nur für einen Job nach Gstaad in die Berge fahren müsse. Noah meinte dann noch, Bernhard wolle den Schlafsack mitnehmen. Ich bin daraus nicht wirklich schlau geworden.

Schon zwei Tage vorher war Vera irgendwie anders gewesen als sonst. Ich traf sie wiederum im Café an, sie war alleine da. Ich fragte sie nach den Kindern, und sie erklärte, die seien zu Hause, sie müsse sie jetzt dann gleich anrufen, um sie zur Schule und in den Kindergarten zu schicken. Das war sehr untypisch für Vera, sie ließ die Kinder sonst niemals alleine. Sie war eine sehr fürsorgliche Mutter. Doch an diesem Tag wirkte sie niedergeschlagen und klagte, sie mache ihren Job als Hausfrau nicht gut genug, Bernhard werde sie bestimmt verlassen. »Quatsch«, habe ich gesagt, das war vielleicht ein Fehler, ich habe sie und ihre Sorgen nicht ernst genug genommen und vermutet, sie mache nur einen Spruch, weil sie nicht gut drauf sei. Heute bereue ich, nicht länger mit ihr darüber gesprochen zu haben. Aber man kann das Rad der Zeit nicht zurückdrehen. Im Nachhinein ist man immer gescheiter. Wobei das in diesem Fall nicht stimmt. Aus diesem Fall wird man überhaupt nicht schlau. Ich kann mir schlicht nicht vorstellen, was passiert ist.

15. Befragung

Anwesende:
Belinda Schwarz, polizeiliche Sachbearbeiterin,
Bernhard Scherrer, Beschuldigter,
und Pflichtverteidiger Markus Kerner

Herr Scherrer, wie fühlen Sie sich heute?«
»Sie können sich die Frage sparen, es geht mir dadurch auch nicht besser.«

»Ich möchte in unserem Gespräch da ansetzen, wo wir das letzte Mal aufgehört haben.«

»Ich weiß nicht mehr, worüber wir sprachen, es sind sowieso immer dieselben Fragen, die Sie mir stellen, obwohl ich sie nicht anders beantworten kann, als ich es schon hundert Mal getan habe.«

»Wir sprachen über Ihre Frau.«

»Ach …«

»Sie haben uns erzählt, dass Ihre Frau in einem Schuhgeschäft gearbeitet hat.«

»Das hat sie.«

»Handelte es sich um eine Filiale von Schuhe Hoffmann?«

»Korrekt.«

»Wir haben nachgefragt. Veras Freundin bestätigte, dass sie oft im Laden war, nicht aber, dass sie dort angestellt gewesen sei. Auch die Filialleiterin erzählte uns, dass sich Ihre Frau häufig im Geschäft aufgehalten und sich mit dem Personal unterhalten habe. Aber sie hatte dort keine Anstellung.«

»Warum behaupten Sie das? Sie hat dort gearbeitet.«

»Nein, hat sie nicht. Sie hat sich manchmal aufgedrängt, Kunden zu bedienen. Das ging so weit, dass die Filialleiterin ein Hausverbot für Vera aussprechen musste.«

»Das kann nicht sein.«

»Hat Vera Ihnen nichts davon erzählt?«

»Sie hat einmal über die Filialleiterin geklagt. Das war auch der Grund, warum Vera gekündigt hat. Es stimmt nicht, dass sie rausgeschmissen worden ist.«

»Sie konnte nicht kündigen, weil sie gar nie angestellt gewesen ist.«

»Frau Schwarz, hören Sie doch auf damit. Ich durchschaue Ihre Taktik. Sie konstruieren hier erneut eine Geschichte, damit meine Frau nicht mehr glaubwürdig erscheint. Ich bitte Sie: Lassen Sie meine Frau in Ruhe. Sie hat schon zu viel durchmachen müssen.«

»Waren Sie beruflich in den letzten Monaten in Gstaad und mussten dort übernachten?«

»Nein, wie kommen Sie darauf?«

»Sie haben Ihrer Frau auch nie gesagt, sie müssten nach Gstaad?«

»Ich verstehe Ihre Frage nicht.«

»Ich frage, weil Noah einer Freundin Ihrer Frau erzählt hat, dass Sie die Familie verlassen würden – Ihre Frau präzisierte darauf, dass Sie wegen eines Auftrags nach Gstaad fahren müssten.«

»Da muss Sie etwas durcheinandergebracht haben. Oder Sie sagen nicht die Wahrheit. Sie bluffen, um mich gegen meine Frau aufzubringen.«

»Ist Ihre Frau jemals von einem Betrunkenen angefahren und danach ins Spital geflogen worden?«

»Nein!«

»Auch das ist eine Geschichte, die Ihre Frau erzählt hat. Behaupten Sie noch immer, dass Ihre Frau nicht lügt?«

»Meine Frau ist keine Lügnerin. Ich kenne sie. Sie ist ein ganz anderer Mensch, als Sie sie hier darzustellen versuchen.«

»Hat Ihre Frau jemals behauptet, Mira sei gestorben, weil sie eine zu große Lunge hatte? Und dass dies niemand rechtzeitig erkannt habe? Wollte sie wegen Miras Tod einen Kinderarzt verklagen?«

»Wie können Sie es wagen? Miras Tod hat doch mit all dem gar nichts zu tun. Sie reden nur wirres Zeug und beschmutzen das Andenken an mein totes Kind. Ich bin nicht länger bereit, Ihre Fragen zu beantworten. Das bringt nichts, Sie haben sich total verrannt.«

»Herr Scherrer … es tut mir leid, dass ich Sie mit all diesen Aussagen konfrontieren muss, Aussagen, die Ihre Frau gegenüber Zeugen getätigt hat. Ich habe sie nicht erfunden. Manchmal meint man, jemanden zu kennen. Aber wir kennen den anderen nie wirklich, weil wir nicht in einen Menschen hineinsehen können. Gerade wenn man in einer Beziehung mit einer Person lebt, neigt man dazu, das Offensichtliche zu übersehen – weil man es nicht sehen will. Wir aber, die wir von außen auf das Geschehen blicken, verschließen unsere Augen nicht, wir schauen ganz genau hin und analysieren jedes Detail. Für uns gibt es keine Zweifel mehr, wer hier die Wahrheit spricht – und wer lügt.«

»Auch ich zweifle nicht daran, wer der Lügner ist, oder eher die Lügnerin: Sie sind die Einzige, die Lügen verbreitet. Wir verschwenden hier unsere Zeit. Bitte bringen Sie mich zurück in meine Zelle.«

Markus Kerner

Rechtsanwalt

Als ich das Mandat erhielt, Bernhard Scherrer zu verteidigen, war ich unsicher. Unsicher, ob er der Täter oder
ob er ein Opfer ist. Spätestens als klar war, dass in seiner
Wohnung kein Einbruch stattgefunden hatte, wusste ich
nicht mehr, ob und was und wie viel ich ihm glauben sollte.
Aber das spielt keine Rolle, das darf keine Rolle spielen.
Verteidige ich einen Menschen, stelle ich mich voll und ganz
in seinen Dienst. Wenn er sagt, er sei unschuldig, dann ist er
das für mich auch. Denn falls es zu einem Gerichtsprozess
kommt, gibt es nur noch Schwarz und Weiß. Entweder man
steht zu hundert Prozent hinter seinem Mandanten, oder
man lässt es bleiben.

Vor Gericht erzähle ich seine Geschichte. Meine Meinung
bleibt außen vor.

Gehe ich also einen neuen Fall an, sieht mein Vorgehen
folgendermaßen aus: Bestreitet mein Mandant die Tat, der
er beschuldigt wird, will ich die Details zunächst nicht hören. Ich beurteile den Fall einzig aufgrund der Aktenlage.
Komme ich zum Schluss, dass die Beweislage nicht aus-
reicht, um meinen Mandanten der Tat zu überführen, dann
will ich gar nicht wissen, ob er sie begangen hat oder nicht.
Denn später, vor Gericht, wird einzig entscheidend sein,
was bewiesen werden kann. Ich schaue mir also die Akten
an und schildere meinem Mandanten, wie sich die Lage
aus der Sicht des Richters präsentiert. Er muss dann ent-

scheiden, ob er die Tat weiterhin bestreiten will oder nicht. Entscheidet er sich, auf unschuldig zu plädieren, dann unterstütze ich ihn dabei. Falls die Beweislage schwierig oder aussichtslos für ihn ist, weise ich ihn natürlich auch auf andere Strategien hin, zum Beispiel auf ein Geständnis. Ich erkläre ihm, was aus meiner Sicht die beste Taktik wäre. Aber letztlich bleibt es immer seine Entscheidung.

Sie fragen sich nun sicher, wie ich es mit meinem Gewissen vereinbaren kann, einen Mörder zu verteidigen, wenn ich nicht von dessen Unschuld überzeugt bin, oder mehr noch: wenn ich vielleicht sogar von dessen Schuld überzeugt bin. Die Frage wird mir immer wieder gestellt. Für mich aber gilt: Meine Meinung spielt keine Rolle. Wenn eine Tat nicht bewiesen werden kann, steht die Wahrheit nicht fest.

Trotzdem möchte ich hier klarstellen: Einen wegen Mordes angeklagten Menschen zu verteidigen bedeutet nicht, die Tat gutzuheißen oder sich mit dem Täter zu identifizieren. Es bedeutet einzig, die Rechtsstaatlichkeit zu wahren und zu verteidigen. Und ja, manchmal hat das zur Folge, dass ich einen Schuldigen freibekomme – aber es kann auch bedeuten, dass ich einen Unschuldigen vor einer langen Freiheitsstrafe bewahre. Es ist meiner Meinung nach nicht eine Frage der Moral, ob man einen des Mordes beschuldigten Menschen verteidigt – es ist eine Frage des Glaubens an den Rechtsstaat und die Annahme, dass jeder Mensch als unschuldig gilt, bis das Gegenteil bewiesen ist.

Das klingt jetzt alles sehr pathetisch, und natürlich gestaltet sich jeder Fall anders, aber grundsätzlich sind das die Werte, an die ich mich halte. Es gibt jedoch Fälle, die mir – obwohl ich versuche, die Distanz zum Delikt zu wahren – näher gehen als andere.

Wie zum Beispiel dieser Fall.

Als ich Bernhard Scherrer das erste Mal traf, war die Aktenlage noch dünn. Aber schon da schien klar, dass es den ominösen Einbrecher nie gegeben hat, und die Beweise dafür folgten kurz darauf. Ich schilderte Bernhard Scherrer also, wie ich aus der Perspektive des Richters die Situation beurteilen würde: Es ist spurentechnisch erwiesen, dass er oder seine Frau oder beide zusammen die Tat begangen haben und dass ein Dritttäter ausgeschlossen werden kann. Weil aber zwei Personen für die Tat infrage kommen, ist es alles andere als einfach zu beweisen, welche der beiden es war. Eine schwierige Ausgangslage, auch für mich, um ehrlich zu sein. Denn wenn sowohl Bernhard Scherrer wie auch seine Frau die Tat bis zuletzt leugnen werden – dann fehlt dem Gericht ein Beweis, um den einen oder den anderen zu überführen. Und wenn nicht bewiesen werden kann, dass es der Vater oder dass es die Mutter gewesen ist, gilt *in dubio pro reo*: Das Urteil würde im Zweifel für den Angeklagten auf Freispruch lauten.

Daher ist die Ausgangslage in diesem Fall sehr speziell, und im Grunde genommen sieht es für meinen Mandanten gar nicht so schlecht aus, ganz egal, ob er es getan hat oder nicht. Zumal die Spurenlage tendenziell eher auf die Frau als Täterin hindeutet. Aber das sind nichts als Indizien. Bewiesen ist damit nichts.

Trotzdem wünschte ich mir, wir würden eine andere Verteidigungsstrategie fahren. Wir müssen Bernhards Frau ins Visier nehmen, es geht nicht an, dass er sie weiter verteidigt, er gefährdet sich dadurch nur selbst. Aber so weit habe ich ihn noch nicht.

Strafverteidigung ist eine sehr persönliche Angelegenheit. Als Verteidiger muss ich meinem Mandanten näherkommen, er muss sich mir öffnen, und das braucht manchmal Zeit. Für mich ist es sehr wichtig, dass mein Klient mir voll vertraut. Ich weiß, einige Kollegen sehen das anders. Aber wenn ich kein Vertrauensverhältnis aufbauen kann, kann ich meine Arbeit als Anwalt nicht wahrnehmen. Überlegen Sie sich also gut, wen Sie sich zum Verteidiger nehmen, falls Sie mal einen nötig haben sollten. Wenn es nicht passt, haben Sie schon verloren.

Bernhard Scherrer hat mir sofort vertraut – und doch komme ich einfach nicht ganz an ihn heran. Heute, nach den vielen Befragungen und den zahlreichen Wochen, die er bereits in Untersuchungshaft sitzt, hat sich meine Einstellung geändert. Ich bin nicht mehr unsicher, ob er der Täter ist – vielmehr bin ich überzeugt, dass er unschuldig ist.

Die Kommissarin hingegen scheint noch immer zu glauben, dass er die Tat gemeinsam mit seiner Frau oder sogar in ihrem Auftrag begangen haben könnte. Ich schließe das aus. Ich denke: Sie hat es getan, und sie hat es ganz alleine getan.

Darum möchte ich, falls es zur Gerichtsverhandlung kommt, genau diese Strategie fahren: Mein Mandant ist unschuldig – seine Frau hat die Kinder getötet. Aber Bernhard will das nicht hören, da macht er komplett zu. Ich habe mehrmals versucht, ihn zu überzeugen. Vergebens. Er hält sich an dem Trugbild fest, an das er sein ganzes Erwachsenenleben lang geglaubt hat: dass er die wundervollste Frau der Welt geheiratet hat. Er klammert sich an eine falsche Wahrheit, für ihn ist es unvorstellbar, dass sie seine Kinder umgebracht haben könnte. Er meint, sie zu kennen. Aber wen kennt man schon wirklich? Vieles war nicht so, wie Bernhard dachte, vieles ist anders, als er glaubt. Jede Tat hat ihre Geschichte. Doch in dieser Geschichte spielt nicht Bernhard, sondern seine Frau Vera die Hauptrolle.

16. Befragung

Anwesende:
Belinda Schwarz, polizeiliche Sachbearbeiterin,
und Bernhard Scherrer, Beschuldigter

Wie geht es Ihnen heute, Herr Scherrer?«

»Besser. Es geht mir besser.«

»Wo ist Kerner, Ihr Anwalt?«

»Ich habe ihm gesagt, dass er nicht mehr zu kommen braucht.«

»Warum?«

»Das ist meine Entscheidung, ich muss das nicht begründen.«

»Sind Sie sich sicher?«

»Ja, ich bin mir sicher.«

»Fürs Protokoll: Die heutige Befragung findet auf Wunsch von Bernhard Scherrer ohne das Beisein von Rechtsanwalt Markus Kerner statt. Wünschen Sie stattdessen einen anderen Pflichtverteidiger?«

»Nein.«

»Nun gut. Ich möchte Sie mit einigen Aussagen konfrontieren, die …«

»Darf ich zuerst etwas sagen?«

»Ja, bitte?«

»Ich möchte ein Geständnis ablegen.«

»Sie wollen *was*?«

»Ich möchte ein Geständnis ablegen. Ich habe meine beiden Kinder Sophie und Noah umgebracht.«

»Ich weise Sie ausdrücklich darauf hin, dass ich es als angebracht erachte, dies nicht in Abwesenheit Ihres Anwalts zu tun.«

»Ich brauche ihn nicht. Ich werde heute alles offenlegen und Ihnen schildern, was genau in jener Nacht passiert ist.«

»Wie Sie wünschen. Erzählen Sie.«

»Ich wusste über Veras Liebhaber Bescheid, schon seit mehreren Wochen.«

»Wie haben Sie es herausgefunden?«

»Das war nicht schwierig. Sie war anders als sonst, hing nur noch an ihrem Handy, hat ständig Nachrichten geschrieben. Ich kenne ihren PIN-Code, wir hatten ja nie Geheimnisse voreinander. Als sie schlief, habe ich auf ihrem Handy die Nachrichten gelesen. Es war für mich ein Schock. Sie hat regelrechte Liebesnachrichten versandt. Darum wusste ich, dass sie eine Affäre hatte.«

»Zwei Affären.«

»Genau, zwei Affären. Ich habe Vera damit konfrontiert und ihr die Nachrichten vorgehalten. Sie hat es nicht einmal abgestritten, stattdessen hat sie mir eröffnet, dass sie mich verlassen werde, gemeinsam mit den Kindern, sie wollte zurück in ihre alte Heimat, in die Berge, weit weg, zu weit weg. Die Welt um mich herum stürzte ein. Damit hätte ich niemals gerechnet. Auch wenn es manchmal kriselte, war ich sicher, dass unsere Ehe halten würde. Für immer. Aber Vera war anderer Meinung.«

»Wann war das?«

»Was?«

»An welchem Datum hat Ihnen Ihre Frau eröffnet, dass sie Sie verlassen wird?«

»Das muss am 21. oder 22. Dezember gewesen sein. Kurz vor Weihnachten. Kurz vor der Tat. Als wir am 24. Dezember den Tannenbaum zurechtmachten, hielt ich es nicht mehr aus. Ich wusste, dass es das letzte Mal sein würde, die letzte gemeinsame Weihnachtsfeier, undenkbar. Die Vorstellung, dass ich all das verlieren würde, dass ich allein dastehen würde, dass sie mir die Kinder wegnehmen würde, das war unerträglich. Auch das Wissen, dass ein anderer Mann an meine Stelle treten könnte, meine Familie kriegen würde, meine Kinder ... es durfte einfach nicht sein.«

»Sie haben also den Plan geschmiedet, Ihre Kinder umzubringen, damit Ihre Frau sie Ihnen nicht wegnehmen kann?«

»Nein, einen Plan würde ich das nicht nennen. Es war die pure Verzweiflung. Ich wusste nicht mehr ein noch aus. Da war nur noch Fassungslosigkeit. Auch Hilflosigkeit. Es durfte einfach nicht sein, dass sie mich verlässt.«

»Und darum haben Sie die Kinder umgebracht?«

»Ich wollte uns alle töten.«

»Sie hatten also doch einen Plan.«

»Es war eher eine Idee, kein Plan. Es war ein Gedanke.«

»Warum haben Sie es nicht getan – alle und sich selbst getötet?«

»Weil Vera aufgewacht ist.«

»Bitte schildern Sie mir ganz genau, wie Sie in der Tatnacht vorgegangen sind.«

»Ich bin aufgewacht, als Vera aufgestanden ist, um die Weihnachtsgeschenke unter den Baum zu legen. Ich stellte mich schlafend und wartete, bis sie zurück und wieder eingeschlafen war. Ich hörte es ihrem Atem an. Als ich sicher war, dass sie schlief, bin ich aufgestanden und in Noahs Zimmer gegangen. Erst in dem Moment, als ich ihn vor mir in seinem Bett liegen sah, war mir klar, dass ich es tun musste. Ich konnte diese Familie nicht verlieren. Sie durfte nicht durch eine Trennung zerstört werden. Würden wir aber alle sterben, wären wir im Tod für immer vereint. Dann würde mir niemand mehr meinen Sohn wegnehmen können. Ich gab Noah einen Kuss auf die Stirn, dann drückte ich das Kissen auf sein Gesicht.«

»Hat er sich gewehrt?«

»Er hat ein wenig gezappelt, aber er konnte sich nicht groß wehren, ich habe sehr kräftig gedrückt.«

»Wie lange dauerte das?«

»Was?«

»Das Ersticken.«

»Es ging relativ schnell, bis er sich nicht mehr rührte.«

»Was heißt ›relativ schnell‹?«

»Ich habe nicht auf die Uhr geschaut.«

»Vom Gefühl her.«

»Eine Minute, vielleicht zwei?«

»Und dann?«

»Dann bin ich zu Sophie ins Zimmer gegangen. Auch von ihr habe ich mich verabschiedet, dann habe ich ihr das Kissen auf das Gesicht gedrückt.«

»Hat sich Sophie gewehrt?«

»Auch sie hat gezappelt, aber es ging sehr schnell.«

»Was ging Ihnen durch den Kopf, als die Kinder tot waren?«

»Dass ich es jetzt zu Ende bringen muss.«

»Aber statt es zu Ende zu bringen, haben Sie einen Einbruch nachgestellt.«

»Nein, ich wollte es zu Ende bringen, wirklich. Aber ich wollte nicht, dass man glaubte, ich sei ein Mörder und ein Selbstmörder. Ich wollte es so aussehen lassen, als ob jemand bei uns eingebrochen sei und die ganze Familie umgebracht hätte.«

»Warum war Ihnen das wichtig?«

»Wegen meinen Eltern und meinen Geschwistern. Ich wollte keine Schande über unsere Familie bringen.«

»Was haben Sie also getan?«

»Ich habe die Schränke geöffnet und Kleider herausgenommen, ich habe die Tasche auf dem Sofa ausgeschüttet, habe auch den Schuhschrank durchwühlt und in der Küche ein paar Sachen in Unordnung gebracht. Dann habe ich das Fenster im Wohnzimmer geöffnet.«

»Und weiter?«

»Ich ging in die Küche und holte das scharfe Fleischmesser.«

»Ein Messer?«

»Ich wollte erst Vera, dann mir selbst die Kehle aufschlitzen. Oder es mir vielleicht ins Herz rammen.«

»Was geschah dann?«

»Ich ging zurück ins Schlafzimmer. Vera schlief noch immer. Aber sie war unruhig und sprach im Schlaf. Und auf einmal ist sie aufgewacht.«

»Als Sie mit dem Messer in der Hand vor ihr standen?«

»Nein, ich war auf meiner Seite des Bettes, habe mich geduckt, das Messer auf den Boden gelegt und mit dem Fuß unter das Bett geschoben. Ihr gegenüber habe ich behauptet, ich sei gerade aufgewacht.«

»Ihre Frau erzählte, Sie hätten geschlafen, als sie aufgewacht sei, sie habe Sie geweckt.«

»Das stimmt nicht. Ich war sehr wach, so was von wach. Dann hat sie gesagt, etwas sei seltsam, die Tür sei geschlossen, sie sehe ein Licht, sie fragte, ob Noah auf der Toilette gewesen sei. Da sagte ich ihr, dass ich nachschauen gehe.«

»Das haben Sie dann gemacht.«

»Ja. Ich stand auf, sie folgte mir, und ich tat ahnungslos und gab beim Betreten der Kinderzimmer vor, die toten Kinder zu entdecken.«

»Warum haben Sie Ihre Frau nicht wie geplant getötet?«

»Ich konnte nicht. Als sie aufgewacht war, war es vorbei. Es ging nicht mehr. Ich wollte sie töten, während sie schlief.

Aber dafür war es zu spät. Es kam mir vor, als wäre ich selbst aus einem schlimmen Traum hochgeschreckt. Dann kamen die Polizisten und die Sanitäter und auf einmal glaubte ich mir selbst, was ich erzählte, dass das nicht ich gewesen sei, dass ich mitten in der Nacht aufgewacht sei und die Kinder tot aufgefunden hätte, dass es ein Einbrecher gewesen sein müsse. Es war viel einfacher, an diese Geschichte zu glauben als an das, was sich wirklich zugetragen hatte. Ich habe die Kinder wie in Trance getötet, ich bin erwacht, als Vera mich ansprach. Das war nicht ich, der das getan hat. Und gleichzeitig bin doch ich der Mörder. Ich bin der Mörder meiner Kinder. Ich habe Sophie und Noah umgebracht und es tut mir unsagbar leid. Glauben Sie mir: Wenn ich könnte, ich würde es rückgängig machen.«

Carlo Frischknecht

Forensischer Psychiater

Dieser Fall ist selbst für mich sehr speziell. Ich bin nicht wie üblich angefragt worden, um einen Tatverdächtigen psychiatrisch zu begutachten, sondern es geht gleich um zwei Personen, die für dasselbe Delikt verantwortlich sein könnten: um die Mutter und um den Vater. Die Opfer sind ihre Kinder. Die Ausgangslage scheint klar: Einer von beiden ist Täter oder Täterin – und der oder die andere ist unschuldig. Oder sie haben die Tat gemeinsam begangen.

Der Gutachter, also ich, darf keine Aussagen zu Sachverhalten machen, im Sinne von: Der ist unschuldig und der ist schuldig. Das steht allein dem Gericht zu. Für den Psychiater ist das verbotenes Terrain. Aber in dem Fall werde ich dieser Grenze sehr nahekommen, weil ich sowohl die Mutter als auch den Vater begutachtet habe.

Es geht bei den beiden psychiatrischen Gutachten darum, den Deliktmechanismus herauszuarbeiten. Konkret heißt das: Ich vergleiche das Delikt – die Spuren, Tatmerkmale, Vorgehensweise des Täters, Polizeiaussagen – mit den Persönlichkeitsmerkmalen der Verdächtigten. Ich will also herausfinden, ob und wie die Persönlichkeit mit der Tat in Einklang zu bringen ist. Oder anders ausgedrückt: Ich suche nach Persönlichkeitseigenschaften, mit denen ich – zumindest theoretisch – das Delikt erklären kann. Arbeite ich das heraus, kann ich also Motiv, Ablauf, das Verhalten nach der Tat verstehen, ich kann sagen, ob die Tat aufgrund der

Persönlichkeit des Verdächtigten begangen wurde oder ob es sich eher um ein zufälliges Geschehen handelt, das aus einer Situation heraus passiert ist.

In einem zweiten Schritt habe ich zu beurteilen, wie hoch das Risiko ist, dass dieselbe Person erneut ein ähnliches Delikt begeht.

Ich äußere mich zunächst über das Gutachten von Bernhard Scherrer, dem Vater, denn das Gutachten über seine Frau steht erst kurz vor dem Abschluss. Wird ein Fall wie dieser an mich herangetragen, beginne ich als Erstes mit dem Aktenstudium. Ich lese alle Berichte und alle Einvernahmeprotokolle. Weigert sich ein Beschuldigter, mit mir zu sprechen, muss ich mein Gutachten allein aufgrund der Akten und der Aussagen seines Umfelds erstellen. Bei Bernhard Scherrer aber war das anders, er war von Anfang an offen und kooperativ und zeigte sogar ein gewisses Interesse an meiner Arbeit und am Ergebnis.

Ich habe ihn vier Wochen nach der Tat das erste Mal im Untersuchungsgefängnis besucht. Summa summarum führte ich sechs Gespräche von insgesamt elf Stunden mit ihm, überdies hat er drei Tests absolviert, die alles in allem etwa fünf Stunden dauerten. Ich habe auch mit Verwandten und Bekannten von Bernhard Scherrer geredet, mit Arbeitskollegen und Ex-Freundinnen, das gehört alles zur Expertise mit dazu.

Das Gutachten über Bernhard Scherrer umfasst einhundertzehn Seiten, die ich an dieser Stelle natürlich nicht vollumfänglich wiedergeben kann. Aber kurz zusammengefasst lässt sich zur Person von Bernhard Scherrer Folgendes sagen: Er ist das dritte von vier Geschwistern und wuchs in einem intakten Umfeld auf. Bernhard Scherrer ist absolut kein Theoretiker, sondern ein Praktiker, ein Mensch, den man als Macher bezeichnen würde: ein Schaffer, zuverlässig, umgänglich, genau. Eher introvertiert als extrovertiert, sogar ein wenig in sich zurückgezogen, das haben auch die Befragungen in seinem Umfeld gezeigt. Bei der gesamten Begutachtung hat sich ein konstantes Bild ergeben. Diese Homogenität ist uns aufgefallen, wir sind auf keine Widersprüche gestoßen.

Hierzu kann ich Ihnen versichern, dass ich und mein Team für beide Gutachten – jenes von Bernhard Scherrer und jenes von Vera Scherrer – jeden Stein umgedreht haben. Die Gutachten sind für uns eine besondere Herausforderung – weil überhaupt nicht klar ist, was hier eigentlich vorliegt: Wir hatten noch nie einen ähnlich gelagerten Fall.

Zur Rolle von Bernhard Scherrer in der Beziehung zu Vera Scherrer halte ich fest: Er orientiert sich sozial stark an seiner Frau. Wenn er von ihr spricht, schwingt stets Bewunderung mit. Er betont, was sie alles kann und was sie alles macht. Bernhard Scherrer hat großes Vertrauen in seine Frau, er glaubt fest daran, dass sie es richten wird, alles, immer. Er ist kein Alphatier und lässt sich gerne von ihr leiten. Sein Verhalten in der Ehe ist unkritisch, Konflikte vermeidet er, sie werden gar nicht erst thematisiert. Man spricht in Fachkreisen in solchen Fällen von einem positiven, unterordnenden Verhalten.

Was aber sagt uns das über Bernhard Scherrer in Bezug auf die begangenen Tötungsdelikte? Psychiatrisch betrachtet bewegt sich Bernhard Scherrer absolut im normalen Spektrum. Es gab vor der Tat keine psychopathologischen Auffälligkeiten, wir sprechen daher von einem psychiatrischen Normalbefund. Das heißt, Bernhard Scherrer weist keine risikorelevanten Persönlichkeitsmerkmale auf. Entschuldigen Sie bitte die Fachbegriffe, einfacher ausgedrückt kann man sagen: In seiner Persönlichkeitsstruktur fanden wir keine Hinweise darauf, die dafür sprechen, dass er zu solch einem Delikt fähig wäre.

Auch sein Trauern und die psychische Anspannung nach dem Tod seiner beiden Kinder sind normale Reaktionen auf extreme Ereignisse. Jeder von uns könnte auf ähnliche Art und Weise reagieren. Wir fanden also absolut keine Hinweise auf psychiatrische Auffälligkeiten oder Verhaltensweisen, die zu Konflikten mit der Gesellschaft führen.

Will heißen: Wir fanden nichts. Alles ist im normalen Bereich. Das ist tatsächlich etwas, das wir bei unserer Arbeit selten sehen.

Unter uns gesagt, und nicht für die Augen und Ohren des Gerichts bestimmt: Ich denke nicht, dass Bernhard Scherrer die Tat begangen hat, auf jeden Fall nicht aus eigenem Antrieb. Falls er etwas damit zu tun hat, dann höchstens als Mittäter, der auf Anweisung seiner Frau gehandelt hat. Sich und seine Frau sieht er beinahe als eine Person an, aus seiner Sicht sind sie untrennbar miteinander verbunden, wie Pech und Schwefel – das sind nicht meine Worte, das ist seine Ausdrucksweise. So hat er sich und Vera Scherrer als Paar beschrieben. Er ordnet sich unter und folgt seiner Frau, weil er unerschütterlich an sie glaubt. Und wenn etwas nicht mehr stimmt, will er es nicht wahrhaben oder schiebt es von sich weg, um es nicht wahr werden zu lassen. Bernhard Scherrer ist nicht ein Mann, der sagt: »Das muss jetzt auf den Tisch. Das will ich jetzt wissen.« Er ist der Typ Mensch, der meint: »Es wird schon gut sein.«

Bernhard Scherrer ist jemand, der auf heile Welt macht. Um jeden Preis.

17. Befragung

Anwesende:
Belinda Schwarz, polizeiliche Sachbearbeiterin,
und Bernhard Scherrer, Beschuldigter

Herr Scherrer, ich möchte Sie heute noch einmal zu Ihrem Geständnis befragen.«

»Ich habe alles gesagt.«

»Ich habe ehrlich gesagt Mühe, es Ihnen abzukaufen.«

»Warum? Ich habe alles genau so geschildert, wie es sich zugetragen hat.«

»Es gibt da aber einige Widersprüche.«

»Ich weiß wirklich nicht, was das hier jetzt noch soll, ich habe nichts mehr beizufügen.«

»Sie erzählten mir, Sie hätten Ihre Frau damit konfrontiert, als Sie herausgefunden hatten, dass sie zwei Liebhaber hatte.«

»Das ist korrekt.«

»Ich frage mich, warum Ihre Frau uns nichts davon erzählt hat. Im Gegenteil, sie schilderte die Situation sogar ganz anders als Sie. Ihre Frau sagte uns, sie glaube nicht, dass Sie von den Affären wüssten. Und wenn Sie doch irgendwie davon erfahren hätten, so hätten Sie ihr nichts darüber gesagt.«

»Ich muss mich nicht dazu äußern, was meine Frau Ihnen erzählt hat und was nicht. Das Einzige, das zählt, ist mein Geständnis. Ich habe die Wahrheit gesagt.«

»Was ich bezweifle. Denn auch Ihre Schilderung, wie Sie

die Kinder getötet haben, widerspricht teils den Spuren am Tatort.«

»Ich rede nicht länger mit Ihnen. Ich verweigere jede weitere Aussage.«

»Noah muss sich gemäß der Rechtmedizinerin intensiv gewehrt haben, sie sprach von einem Todeskampf.«

»Kein Kommentar.«

»Sie hingegen meinten lediglich, Noah habe etwas gezappelt.«

»Kein Kommentar.«

»Ich bitte Sie eingehend, Ihren Anwalt wieder hinzuziehen.«

»Kein Kommentar.«

»Herr Scherrer, bitte, so kommen wir doch nicht weiter.«

»Kein Kommentar.«

»Ich glaube Ihnen nicht, dass Sie die Kinder umgebracht haben. Ihr Geständnis ist nicht glaubwürdig.«

»Kein Kommentar.«

»Sie verweigern jede weitere Aussage?«

»Ja. Ich spreche nicht mehr mit Ihnen. Mein Geständnis gilt.«

Belinda Schwarz

Polizeiliche Sachbearbeiterin

Fast drei Monate dauern die Ermittlungen schon an. Über zweihundert Personen haben wir befragt. Siebzehn Mal haben wir Bernhard Scherrer einvernommen, neunzehn Mal seine Frau Vera Scherrer, das ist sehr viel, überdurchschnittlich viel. Wir haben uns Zugriff auf ihre Mail-Accounts, auf die Agenden, auf die Speicher beider Mobiltelefone verschafft, wir konnten sämtliche Telefondaten der letzten sechs Monate vor der Tat zurückverfolgen, und wir haben alle Kontaktpersonen befragt. Eine Mammutaufgabe.

Endlich wähnte ich mich auf der Zielgeraden, und nun das: Er gesteht die Tat – obwohl er sie nicht begangen hat. Höchstwahrscheinlich nicht begangen hat. Ich bin mir nicht zu hundert, aber doch zu neunzig Prozent sicher, dass nicht er es war, sondern sie. Vera Scherrer. Der Fall verlangt uns wirklich alles ab, obwohl wir uns schon so früh sicher wähnten, den Täter oder die Täterin schnell überführen zu können – weil nur zwei Personen dafür infrage kommen. Nie hätte ich gedacht, dass es so schwierig werden würde. Es ist zum Verzweifeln.

Nur ganz kurz habe ich zu Beginn der Ermittlungen in Betracht gezogen, dass tatsächlich ein Einbrecher in die Wohnung eingestiegen ist und die Kinder umgebracht hat. Doch sehr früh war klar, dass es den ominösen Fremden nie gegeben hat. Als die Ergebnisse der Spurensicherung die

183

Annahme bestätigten, habe ich beide gleich stark verdächtigt, Mutter und Vater.

Dann flog die Geschichte mit den Liebhabern auf. Von dem Moment an dachte ich, dass es eher der Vater war; er hatte auf einmal ein Motiv. Auch nahm ich ihm seine Leichtgläubigkeit nicht ab, dass er nicht gemerkt haben wollte, wie es um seine Ehe stand. So sehr kann man die Augen nicht vor der Realität verschließen. Aber irgendwie, ich weiß nicht, ich glaube, ich habe es ihm einfach nicht wirklich zugetraut, dass er die Tat alleine begangen haben könnte. Also überwog meinerseits später die These, dass sie es miteinander geplant und durchgezogen haben.

Jetzt aber glaube ich, dass sie es gewesen ist: Vera Scherrer.

Die Ermittlungen sind wie ein überdimensionales Mosaik – wir müssen alle Mosaiksteinchen zusammensuchen und an die richtige Stelle legen, sodass sich mehr und mehr ein Bild herauskristallisiert. Während der Arbeit kam das eine zum anderen.

Bernhard Scherrer ist zwar ein spezieller Typ, unnahbar, verschlossen, es ist schwierig, an ihn heranzukommen, aber ich habe ihn vor seinem Geständnis nie bei einer Lüge erwischt. Anders seine Frau Vera Scherrer: Da tauchten mit der Zeit immer wieder Flunkereien auf – die sie dann auch zum Teil zugegeben hat, wenn man sie darauf hinwies.

Stutzig machte mich auch die Art und Weise, wie sie in der Befragung die Tatnacht geschildert hat. Ich hatte den Eindruck, dass sie ihren Mann aufgeweckt und ihn danach mit ihren Worten durch die Wohnung geführt hat, ihn dirigierte, wo er zuerst nachschauen, was er danach tun sollte. Sie sagte, Bernhard sei als Erstes zu Noah gegangen, sie folgte ihm. Dann aber begab sich Vera ins Zimmer von Sophie, rief nach ihrem Mann. Sie ging wieder raus, hinüber ins Wohnzimmer, rief nach ihrem Mann, er folgte ihr und schloss das

Fenster. Sie sagte ihm, er solle die Polizei anrufen. Also ging er zum Telefon. Ich kann nicht genau erklären, woher mein Gefühl kommt; womöglich liegt es an ihrer Wortwahl, an der Erzählweise, vielleicht war es nur ein kleines Detail, das mich stutzig gemacht hat. Es ist reine Intuition. Doch auf mein Bauchgefühl und auf meine Erfahrung habe ich mich bislang immer verlassen können.

Und nun dieses Geständnis. Ich glaube ihm kein Wort.

Denn im Aussageverhalten der beiden Verdächtigten gibt es einen weiteren eklatanten Unterschied. Vera Scherrer schloss am Anfang kategorisch aus, dass ihr Mann die Kinder umgebracht haben könnte. Doch plötzlich änderte sie ihre Meinung, sie begann, ihn zu belasten, erklärte auf einmal, sie könne es sich sehr wohl vorstellen, dass er der Täter sei. Bernhard Scherrer hingegen hält bis heute eisern daran fest, dass seine Frau niemals die Täterin sein könne.

Ich glaube: Sie änderte ihre Meinung, um den Verdacht von sich wegzulenken – und er änderte seine Meinung nicht, weil er es sich wirklich nicht vorstellen kann, dass seine Frau die Kinder getötet hat. Obwohl er sich in diesem Punkt wahrscheinlich irrt.

Hinzu kommt, dass Bernhard Scherrer wiederholt gefragt hat: »Wer macht so etwas, wie ist das möglich?« Diese Fragen habe ich bei Vera Scherrer kein einziges Mal gehört.

Ich schätze Bernhard Scherrer trotz allem als aufrechten und freundlichen Menschen ein, auch wenn er bei den Einvernahmen mir gegenüber manchmal aggressiv wurde. Das psychiatrische Gutachten über ihn spricht ebenfalls eine deutliche Sprache. Ich bin gespannt auf das Gutachten, das Carlo Frischknecht über Vera Scherrer erstellt, ich soll es heute noch oder spätestens morgen erhalten.

Völlig unklar ist allerdings nach wie vor das Motiv. Warum bringt ein Elternteil seine eigenen Kinder um? Wir haben sämtliche Nachbarn und Bekannten der Scherrers befragt; von außen hat niemand Probleme erkannt. Alle beschrieben die Scherrers als ganz normale Familie, eher streng in der Erziehung der Kinder, mit einem Hang zu übertriebener Ordnung. Insbesondere Vera Scherrer kam im Bekanntenkreis gut an, wir konnten niemanden ausfindig machen, der sich negativ über sie äußerte. Es fiel einzig auf, dass sie oft über ihre Krankheiten sprach. Aber bei ihrer Leidensgeschichte ist das nichts Außergewöhnliches. Und dann eben diese kleinen Lügengeschichten und der Vorfall mit der Kreditkarte, die ihr niemand so richtig übel genommen zu haben scheint. Die meisten befragten Personen umschrieben sie als umgänglich, sympathisch, als gute Mutter. Niemand hatte den Eindruck, dass die Eltern mit den Kindern überfordert waren.

Warum also mussten sie sterben? Weil sie langsam zu Persönlichkeiten heranwuchsen, die eine eigene Meinung hatten und die man nicht mehr wie Babys behandeln konnte? Schwierig zu verstehen, für mich kaum nachvollziehbar. Weil sie Vera Scherrer im Weg waren und sie sich die Freiheit zurückwünschte? Vielleicht. Womöglich liegen die Gründe weiter zurück in der Geschichte des Paares. Die beiden früheren Einbrüche, die Sache mit der gestohlenen Kreditkarte, alles um die Zeit herum, als die kleine Mira starb. Was ist in dieser Familie passiert? Warum war sie eben nicht die ganz normale Familie, für die sie alle hielten? Und warum hat Bernhard Scherrer jetzt plötzlich ein Geständnis abgelegt, zu einem Zeitpunkt, an dem ich ziemlich sicher glaube, dass er die Tat nicht begangen hat?

Hätte ich doch nur einen einzigen, eindeutigen Beweis.

18. Befragung

Anwesende:
Belinda Schwarz, polizeiliche Sachbearbeiterin,
Bernhard Scherrer, Beschuldigter, und
Pflichtverteidiger Markus Kerner

Fürs Protokoll: Markus Kerner, Rechtsanwalt, nimmt wieder an der Einvernahme teil. Guten Morgen, die Herren. Ich möchte heute auf das Geständnis von Herrn Scherrer zurückkommen.«

»Ich halte an meinem Geständnis fest.«

»Ich habe trotzdem noch einige Fragen dazu. Weil mit Ihrem Geständnis ein paar Unstimmigkeiten aufgetaucht sind, die ich klären möchte. Wenn Sie wollen, dass wir Ihnen glauben, bitte ich Sie, mit uns zu kooperieren und die Fragen zu beantworten.«

»Fragen Sie.«

»Ich möchte das Geständnis noch einmal mit Ihnen durchgehen. Sie sagten, Sie wussten über die Liebhaber Ihrer Frau Bescheid. Sie hätten ihr Handy kontrolliert. Wann genau war das?«

»Zwei oder drei Wochen vor der Tat.«

»Sie können sich nicht an das genaue Datum erinnern? Es muss doch ein Schock für Sie gewesen sein. Der Moment muss sich Ihnen eingeprägt haben.«

»Was glauben Sie eigentlich? Dass ich in meine Agenda geschrieben habe: Heute fand ich heraus, dass meine Frau mich betrügt? Ich kann Ihnen das Datum nicht nennen.«

»Warum kannten Sie den PIN-Code Ihrer Frau?«

»Sie hat seit Jahren den gleichen. Vera hat ihn mir mal genannt. Sie reichte mir auch oft ihr Handy, wenn ich rasch was auf Google Maps oder im Internet nachschauen sollte. Wir hatten keine Geheimnisse voreinander.«

»Die Liebhaber waren ein Geheimnis, bevor Sie es herausgefunden haben.«

»Ja.«

»Haben Sie mit Ihrer Frau über die Affären gesprochen, oder darüber, wer die beiden Männer waren?«

»Wie gesagt: Ich habe Sie damit konfrontiert.«

»Was heißt das, ›konfrontiert‹? Wie viel wollten Sie wissen?«

»Ich habe sie einfach gefragt, was das solle, diese Nachrichten, ob sie eine Affäre habe.«

»Haben Sie Ihre Frau gefragt, ob sie mit den Männern Geschlechtsverkehr hatte?«

»Nein.«

»Warum nicht?«

»Ich ging davon aus. Eine Affäre beinhaltet meines Erachtens, dass man miteinander schläft.«

»Es hat Sie auch nicht interessiert, wo das stattgefunden hat? Ob sie die Männer mit nach Hause gebracht hat?«

»Nein.«

»Ich würde alles wissen wollen, wenn ich herausfinden würde, dass mein Mann mich betrogen hat.«

»Ich bin nicht Sie.«

»Haben Sie Ihre Frau vor eine Entscheidung gestellt: Ich oder der andere, oder die anderen?«

»Das war nicht nötig. Meine Frau hat sich zwar sofort entschuldigt, aber gleichzeitig hat sie mir gesagt, dass sie mich verlassen werde. Sie wirkte fast erleichtert, dass ich es herausgefunden hatte.«

»Sie sagte also bereits bei dieser ersten Konfrontation, dass sie sich trennen und die Kinder mitnehmen will?«

»Ja.«

»Sie wollte zurück in ihr Heimatdorf?«

»Ja. Das habe ich Ihnen alles schon erzählt.«

»Hatte Ihre Frau denn die Trennung bereits vorbereitet?«

»Wie vorbereitet?«

»Hatte sie sich zum Beispiel eine Wohnung gesucht?«

»Das weiß ich nicht.«

»Warum waren Sie sicher, dass Sie sie nicht doch noch zu einem Umdenken bewegen könnten?«

»Sie müssen wissen, meine Frau ist eine starke Persönlichkeit, sie hat einen Willen. Es war mir klar, dass sie den Schritt für sich schon länger beschlossen hatte und es nichts bringen würde, sie zum Bleiben überreden zu wollen.«

»Wann genau hat die Aussprache zwischen Ihnen stattgefunden?«

»Am 22. Dezember.«

»Warum sind Sie sich da auf einmal so sicher? Vorgestern sagten Sie, das müsse am 21. oder am 22. Dezember gewesen sein.«

»Vielleicht war es auch am 21. Dezember.«

»Können Sie mir erklären, warum Ihre Frau diese Aussprache mit keinem Wort erwähnt hat?«

»Nein. Ich kann sie auch nicht fragen. Sie erlauben mir ja nicht, mit meiner Frau zu sprechen.«

»Ihre Frau hat uns erzählt, sie habe Ihnen nichts von den Affären gesagt.«

»Es war kein schöner Moment in unserer Beziehung. Vielleicht hat sie es verdrängt. Oder sie hat es verschwiegen, um mich zu schützen.«

»Das hätte sie vielleicht zu Beginn unserer Ermittlungen getan. Aber sie änderte ihre Meinung und begann, Sie zu belasten. Warum sollte sie Sie gleichzeitig zu schützen versuchen?«

»Ich weiß es nicht, das müssen Sie Vera fragen.«

»Sie gaben an, Auslöser für die Tat sei Weihnachten gewesen – die Erkenntnis, dass dies die letzte gemeinsame Weihnacht sei …«

»Ich ertrug den Gedanken nicht, dass ich die Kinder und meine Frau verliere.«

»Darum dachten Sie: Da bringe ich sie am besten vorher um?«

»Nein, so war das nicht. Verstehen Sie doch: Ich war nicht mehr ich selbst. Ich war außer mir. Ich sah nur noch diesen riesigen, unvorstellbaren Verlust. Das Scheitern. Mein gesamtes Leben zerbrach, ein einziger Scherbenhaufen. Und auf einmal wusste ich: Das darf nicht geschehen. Gleichzeitig war da ein ganz klarer Gedanke: Wenn wir alle sterben, werden wir für immer vereint sein. Dann kann mir niemand mehr etwas wegnehmen. Darum habe ich uns alle umbringen wollen.«

»Sie haben die Tat geplant.«

»Ich habe Sie aus diesen Gedanken heraus begangen. Hätte ich sie konkret geplant, wäre ich vielleicht wieder zur Besinnung gekommen, bevor ich es tun konnte.«

»Sie haben mir erzählt, dass Sie aufwachten, als Vera in der Nacht die Geschenke unter den Baum legte. Dann warteten Sie, bis sie wieder eingeschlafen war. Was haben Sie in dem Moment gedacht, als Sie ihrem Atem lauschten und auf ihren Schlaf warteten?«

»In meinem Kopf war nur dieser eine Gedanke: Ich gehe in die Zimmer der Kinder, ersticke sie, hole ein Messer, bringe erst Vera und dann mich selbst um.«

»Wann beschlossen Sie, einen Einbruch vorzutäuschen?«

»Nachdem ich die Kinder getötet hatte.«

»Warum, was sollte das bringen? Dachten Sie wirklich, die Polizei könne nicht erkennen, dass Sie sich zum Schluss selbst mit dem Messer verletzt hätten?«

»Ja, das dachte ich. Man geht in einem Moment wie diesem nicht sehr rational vor.«

»Vorgestern sagten Sie, ich zitiere: ›Erst in dem Moment, als ich ihn‹ – gemeint ist Ihr Sohn Noah – ›in seinem Bett liegen sah, war mir klar, dass ich es tun musste.‹ Jetzt erklären Sie, Sie hätten schon die ganze Zeit daran gedacht, während Sie warteten, bis Ihre Frau wieder eingeschlafen war.«

»Ja, ich habe daran gedacht. Aber dass ich es wirklich tun würde, war mir erst klar, als ich an Noahs Bett stand.«

»Warum gaben Sie Ihren Kindern einen Kuss, bevor Sie ihnen das Kissen aufs Gesicht drückten?«

»Zum Abschied.«

»Sie drückten also erst Noah und dann Sophie ein Kissen auf das Gesicht, um sie zu ersticken.«

»Ja.«

»Können Sie mir erklären, warum wir auf Sophies Gesicht einen Abdruck gefunden haben?«

»Was für einen Abdruck?«

»Einen Abdruck, der mit der Unterseite des roten Badezimmerteppichs übereinstimmen könnte.«

»Das kann nicht sein. Ich habe sie mit dem Kissen erstickt.«

»Es sieht aber viel eher danach aus, dass jemand Sophie den Teppich auf das Gesicht gedrückt hat.«

»Sie müssen sich irren.«

»Warum haben wir nur an einem Kissen eine DNA-Mischspur von Ihnen gefunden?«

»Das weiß ich nicht.«

»Warum fanden wir an den Gegenständen, die Sie angeblich aus den Schränken geräumt haben, einzig DNA-Spuren Ihrer Frau?«

»Ich habe Handschuhe getragen.«

»Als Sie den Einbruch nachstellten oder schon vorher, als Sie die Kinder töteten?«

»Erst als ich den Einbruch nachstellte. Und das Messer holte.«

»Sie haben sich also nach dem Töten der Kinder extra die Mühe gemacht, nach Handschuhen zu suchen?«

»Ja.«

»Warum eigentlich hat die Polizei das Messer nicht gefunden? Sie behaupteten, es lag unter dem Bett.«

»Ich habe es wieder in die Küchenschublade zurückgelegt.«

»Wann?«

»Als wir auf die Polizei gewartet haben.«

»Vor den Augen Ihrer Frau?«

»Sie saß im Treppenhaus, sie hat es nicht mitbekommen.«

»Sie sagten, als Vera aufgewacht sei, hätten Sie die Tat nicht zu Ende bringen können, ich zitiere, es sei ›vorbei gewesen‹. Gleichzeitig haben Sie beschlossen, Ihrer Frau und der ganzen Welt etwas vorzumachen, statt sofort einzugestehen, dass Sie die Kinder umgebracht haben?«

»Ja.«

»Warum?«

»Das war kein rationaler Entschluss. Und auf einmal gab es kein Zurück mehr.«

»Sie hätten es mir viel früher sagen können, Sie hätten schon vor drei Monaten gestehen können, als klar war, dass es nie einen Einbrecher gegeben hat. Stattdessen leugneten Sie, obwohl Sie wussten, dass auch Ihre Frau in Untersuchungshaft saß, zu Unrecht, wie Sie behaupten.«

»Ich konnte die Tat vor mir selbst nicht eingestehen, es

tut mir leid. Es ging einfach nicht früher. Es tut mir auch für meine Frau sehr leid.«

»Ich komme noch einmal auf die Tatnacht zurück. Sie haben ausgesagt, Noah habe gezappelt, aber er habe sich nicht wirklich wehren können, Sie seien zu stark gewesen.«

»Das ist korrekt.«

»Die Ergebnisse der Obduktion von Noahs Leiche ergeben ein anderes Bild.«

»Wie meinen Sie das?«

»Sein Körper war schon relativ steif, steifer als jener von Sophie. Die Rechtsmedizinerin ist darum zum Schluss gekommen, Noah müsse sich stark zur Wehr gesetzt haben, sodass er alle noch verfügbare Energie in der Muskulatur verbraucht hatte, als er starb. Daraufhin setzte die Totenstarre eher ein. Die Rechtsmedizinerin sagte, ich zitiere: ›Ich glaube sogar, dass er sich wie wahnsinnig gewehrt hat.‹ Das ist deutlich mehr als ein bisschen zappeln.«

»Ich habe nicht gesagt: ein bisschen. Das haben Sie mir in den Mund gelegt. Ich sagte, er hat gezappelt.«

»Sie sagten auch, er habe sich nicht richtig wehren können. Erklären Sie mir den Widerspruch.«

»Ich erkenne keinen Widerspruch.«

»Ein heftiger Kampf ist mehr als ein Zappeln. Überdies sagten Sie, Sophie habe sich ähnlich stark gewehrt. Das widerspricht klar den Ergebnissen der Obduktionen.«

»Dann hat sich Ihre Gerichtsmedizinerin vielleicht geirrt.«

»Das schließe ich aus.«

»Er hat sich gewehrt. Vielleicht war es auch heftiger, als ich es in Erinnerung habe. Wie gesagt, ich war nicht ich selbst, ich war wie von Sinnen.«

»So sehr von Sinnen, dass Sie daran dachten, Handschuhe zu suchen und einen Einbruch nachzustellen, um eine falsche Spur zu legen.«

»Das war ein spontaner Einfall.«

»Der Ihnen kam, nachdem Sie Ihre Kinder getötet hatten.«

»Weil ich mich geschämt habe. Weil ich wollte, dass die Leute denken, das hätte uns ein Fremder angetan. Ich wollte nicht als Selbstmörder in Erinnerung bleiben, der seine ganze Familie ausgelöscht hat. Vor allem meine Eltern sollten mich in anderer Erinnerung behalten.«

»Das ist Ihnen nun aber nicht gelungen.«

»Ich kann es nicht rückgängig machen.«

»Bereuen Sie, Ihren Plan nicht zu Ende gebracht zu haben?«

»Ja.«

»Mehr, als dass Sie bereuen, Ihre Kinder umgebracht zu haben?«

»Nein, das bedaure ich am allermeisten. Ich hätte einfach nur mich selbst umbringen sollen.«

Carlo Frischknecht

Forensischer Psychiater

Die psychiatrische Begutachtung von Vera Scherrer gestaltete sich ungemein schwieriger als jene ihres Mannes Bernhard Scherrer. Ich habe mit ihr acht Gespräche geführt von insgesamt fünfzehn Stunden. Sie hat drei Termine für psychiatrische Tests wahrgenommen, die über sechs Stunden dauerten. Zudem führten wir an zwei Terminen neuropsychologische und schlafpsychologische Untersuchungen durch, um festzustellen, ob Einschränkungen im Gehirn vorliegen und ob es allenfalls möglich wäre, dass Vera Scherrer die Tat beim Schlafwandeln begangen haben könnte. Sie selbst hat diese These ins Spiel gebracht, sie sagte, sie habe oft nach der Einnahme von Schlafmitteln schlafgewandelt. Also haben wir das im Schlaflabor getestet, aber es hat zu keinem Ergebnis geführt.

Sie sehen, ich und mein Team haben alles getan, was man machen kann. Wir haben auch mit den behandelnden Ärzten, ehemaligen Therapeuten, Verwandten und Bekannten gesprochen. Das Gutachten, das ich heute Morgen der Kommissarin geschickt habe, umfasst zweihundertfünfzig Seiten, aber ich fasse mich an dieser Stelle kurz.

Es ist ein sehr komplexes Gutachten geworden, nicht zuletzt, weil wir keinen vergleichbaren Fall gefunden haben. Natürlich gab es schon viele Kindstötungen, aber dieser Fall unterscheidet sich von allen anderen Fällen und passt in keine der bekannten Kategorien. Während der Untersuchung tauchten immer wieder kleinere sowie größere Ungereimtheiten und Widersprüche auf, und es wurden nicht weniger, sondern immer mehr. Das ist sehr ungewöhnlich.

Bildlich gesprochen könnte ich unsere Aufgabe so beschreiben: Vor uns liegt nicht ein Puzzle mit hundert Teilchen. Vor uns liegt ein Puzzle mit tausend Teilchen. Viele davon bilden einen wolkenlosen, blauen Himmel, sodass man nicht weiß, wo sie genau hingehören. Kurzum: Es ist eine selten große Herausforderung für mich und mein Team. Nicht, dass ich darüber klage, im Gegenteil, ich erachtete die Aufgabe als außerordentlich spannend.

Ich beginne mit Vera Scherrers Persönlichkeitsmerkmalen. Hierzu lässt sich sagen: Sie nimmt ihre Umwelt als feindlich und bedrohlich wahr, sie hat eine misstrauische Grundhaltung, fühlt sich oft ausgenutzt, für sie ist die Welt kein Ort, an dem man sich vertrauensvoll bewegen kann. Hinzu kommen zwanghafte Persönlichkeitszüge: eine übertriebene Ordnungsliebe, Detailtreue, sie plant sehr akkurat, beharrt auf Regeln und ist auf Abläufe und Strukturierung fixiert. Einige dieser Merkmale sind mit großer Wahrscheinlichkeit auf ihre Kindheit zurückzuführen.

Vera Scherrer wuchs in chaotischen Verhältnissen auf. Zu Hause herrschten Alkoholmissbrauch, Angst und Schläge vor. Probleme wurden nicht angesprochen. Ich wage sogar zu sagen: Es war eine verlogene Familie. Vera Scherrer lernte früh, dass das, was sie um sich herum wahrnimmt, eben nicht der Wahrheit entspricht. Denn sie wuchs in einer Welt auf, in der Wirklichkeiten austauschbar waren. Innerhalb ihrer Familie erlebte sie widersprüchliche Aussagen: Die Kinder berichten, die Eltern hätten ein Alkoholproblem gehabt, doch die Eltern behaupten: Wir wissen nicht, wovon sie reden, wir hatten kein Alkoholproblem. Der Vater beteuert gegenüber Vera, sie sei etwas Besonderes. Vera fragt den Vater: »Warum schlägst du mich dann?« Und der Vater erwidert: »Ich schlage dich nicht.«

Vera Scherrer entwickelte dadurch einen instabilen Umgang mit der Realität, sodass sie manchmal selbst nicht dazu in der Lage ist zu unterscheiden, was Lüge und was Wahrheit ist. Wir haben es in den Gesprächen oft erlebt, dass sie etwas sagte, dem spätere Informationen komplett widersprachen. Wir konfrontierten sie damit und erklärten ihr: Das sind widersprüchliche Aussagen, sie sind nicht unter einen Hut zu bringen. Aber sie hat oft nur mit den Schultern gezuckt, als kümmerte es sie nicht. Denn sie selbst nahm es nicht als widersprüchlich wahr.

Es scheint sich durch ihren Lebenslauf zu ziehen, dass sie gerne Geschichten erfand, womöglich um sich interessanter zu machen, und ich denke, dass sie oft selbst nicht mehr wusste, was sie erfunden hatte und was tatsächlich passiert war. Mir kommt es vor, als habe sie mit einer doppelten Buchführung gelebt: Vordergründig führte sie ein normales Leben, aber unter der Oberfläche des Gewöhnlichen versuchte sie immer wieder, gezielt Grenzen zu überschreiten.

Nun, wenn das jemand tut, bedeutet es noch lange nicht, dass er dann auch seine zwei Kinder umbringen würde oder umgebracht hat. Aber lassen Sie mich fortfahren, dazu kommen wir noch. Zweifelsohne war der Verlust des ersten Kindes, Mira, ein tiefer Einschnitt für Vera Scherrer. Sie begann, übermäßig viel zu essen, die Ehe gestaltete sich schwieriger, und dann war sie plötzlich wieder schwanger. Nach den Schwangerschaften nahm sie extrem zu, sie ließ sich ein Magenband einsetzen, es folgten gesundheitliche Probleme und ein schneller, enormer Gewichtsverlust, der die Eigenwahrnehmung durchaus verändern oder beeinflussen kann. Ich schließe nicht aus, dass psychische Ursachen zu diesen Beschwerden führten.

Zweifelsohne haben die gesundheitlichen Probleme Vera Scherrers Leben in den letzten Jahren geprägt, dadurch kam es zu einer erheblichen Belastung, sie schlitterte von einer Krise in die nächste und fand innerlich keinen Halt. Dennoch funktionierte sie weiter wie immer: Sie schmiss den Haushalt, gönnte sich keine Pause, so entstand eine große Diskrepanz zwischen der gesundheitlichen Belastung und ihren perfektionistischen Ansprüchen an sich selbst. Kurzum, in einfacheren Worten: Der Druck im Kessel stieg. Sie geriet in einen Teufelskreis: Die Ordnung musste aufrechterhalten bleiben – doch es entstand eine immer größere Lücke zwischen ihrem Anspruch und dem, was möglich war, zwischen Sein und Schein.

Vera Scherrer sagt, zwei Jahre vor der Tat habe sie zu schlafwandeln begonnen. Ein halbes Jahr vor der Tat hat sie sich erstmals sehr konkret über eine Trennung Gedanken gemacht. Und wenige Wochen vor der Tat fing sie zwei außereheliche Affären an. Es scheint, als wollte sie aus ihrem Leben ausbrechen.

Und hier kommt der instabile Realitätsbezug wieder ins Spiel. Das ist etwas sehr Spezielles, das kommt selten vor, ich selbst bin in meiner langen Karriere noch keinem solchen Fall begegnet. Vera Scherrer denkt sich beiläufig und nebenbei Lügengeschichten aus, Erfundenes und Wahres stehen problemlos nebeneinander, als ob es keinen Unterschied gäbe. Sie kann sagen und selbst glauben, was sich subjektiv für sie gut anfühlt – unabhängig davon, ob es stimmt oder nicht.

Es ist mir bewusst, dass sich meine Worte für den Laien etwas kompliziert anhören müssen. Ich versuche, es anhand eines einfachen Beispiels zu erklären. Stellen Sie sich vor, wir beide sehen auf einer Wiese einen Hasen. Ich leide an einem instabilen Realitätsbezug. Da es sich für mich gut und stim-

mig anfühlt, kann ich zu Ihnen sagen: »Der Hase ist rosa.«
Sie erwidern: »Aber der Hase ist doch grau!« Ich wiederum
kann Ihnen voller Überzeugung antworten: »Nein, schauen
Sie doch genau hin, der Hase ist rosa!« Ich glaube das selbst,
weil bei mir die Koppelung zwischen Wahrnehmungen,
Gedanken und Gefühlen völlig frei kombinierbar ist, ich
setze es so zusammen, dass es für mich stimmt, auch wenn
das der Rest der Welt ganz anders sieht.

Bei Vera Scherrer bestehen also drei Dimensionen – die
Wahrnehmung sowie Gedanken und Gefühle – unabhängig voneinander, die für uns zusammenhängen, weil für sie
das Band dazwischen nicht existiert. Bei ihr können widersprüchliche Dinge nebeneinanderstehen, die für uns nicht
zusammenpassen. Dadurch werden ihre Wahrnehmungen,
egal, ob sie wahr sind oder unwahr, beliebig austauschbar.
Die Wirklichkeit wird schwammig, der Übergang zwischen
wahr und unwahr zerfließt.

Menschen mit instabilem Realitätsbezug sind fähig, völlig absurde Dinge stimmig zu denken und sie als richtig zu
empfinden. Darum kann bei ihnen im Kopf auch ein absolut unglaublicher Gedanke seinen Platz finden und gedei-
hen, wie zum Beispiel: Es könnte für mich ein Vorteil sein,
wenn ich meine Kinder töte.

Falls Vera Scherrer ihre Kinder umgebracht hat, könnte
ihr Motiv sein, dass ihr das Leben zu kompliziert und zu
komplex geworden ist und dass sie es wieder vereinfachen
wollte. Ich mag das kaum aussprechen, aber sie könnte gedacht haben, ihr Leben sähe einfacher aus ohne die Kinder.
Sie hat sich möglicherweise vorgestellt, wie ihr weiteres
Leben mit den Kindern und wie ihr Leben ohne die Kinder verlaufen würde – und da erschien ihr das Leben ohne
Kinder die attraktivere Welt, die bessere Variante. Es gibt
natürlich auch andere Eltern, die vielleicht einmal darüber

nachdenken, wie das Leben ohne die Kinder wäre – aber sie verwerfen den Gedanken sofort wieder, sie würden sich sagen, so etwas darf man gar nicht denken. Es fallen ihnen sofort tausend Argumente ein, die dagegensprechen, die eigenen Kinder loszuwerden. Bei Menschen mit einem instabilen Realitätsbezug hingegen gibt es diese Bremse nicht. Es gibt nicht den Moment, in dem sie sich sagen: Denk nochmals darüber nach. Passt der Gedanke in eine Stimmung, zu einem Gefühl, dann wird er in die eigene Realität eingearbeitet. Auf diese Art und Weise kann etwas zur Wirklichkeit werden, das sich bei anderen Menschen nie entwickeln könnte.

Ich komme zu meiner diagnostischen Einordnung: Vera Scherrer weist eine Persönlichkeitsstörung auf, sie fällt aus dem normalen Spektrum heraus. Die Störung findet ihren Ursprung in der Kindheit und Jugendzeit und führte zu Einschränkungen in ihrem sozialen und privaten Leben. Die genaue Art der Persönlichkeitsstörung kann ich indes nicht benennen; Vera Scherrer bildet gewissermaßen eine eigene Kategorie, es ist eine Persönlichkeitsstörung, die nicht näher bezeichnet werden kann. Es gibt schlicht keine Schublade, in die sie reinpasst.

In den letzten Monaten vor der Tat war Vera Scherrer angeschlagen, sie funktionierte aber weiter, der Druck stieg. Sie betrieb einen hohen Aufwand, die Ordnung, die sie sich innerhalb der Familie als Schutz gegen die feindliche Welt da draußen aufgebaut hatte, aufrechtzuerhalten. Erschwerend kam für sie hinzu, dass ihr Anspruch an sich selbst sehr hoch ist. Alles muss perfekt sein. Sie versucht, Personen und Situationen möglichst zu kontrollieren. Die Kontrolle dient ihr dazu, die Ordnung aufrechtzuerhalten. Droht diese Ordnung aber zu zerbrechen, ist das für sie kaum zu ertragen.

Kurz vor der Tat könnte ihr das alles zu viel geworden sein. Es musste sich für sie anfühlen, als ob sie gegen die Strömung anschwimmt und einfach nicht vorwärtskommt. Aufgrund ihrer Persönlichkeit reagiert Vera Scherrer in solchen Situationen, indem sie einen scharfen Schnitt macht: Sie hat die Fähigkeit, Tabula rasa zu machen, sie kann einen Schlussstrich ziehen, wenn der Druck zu groß wird.

Womit wir beim Deliktmechanismus angelangt sind, also bei der Frage, inwieweit die Tat mit der Persönlichkeit zusammenpassen würde. Und hier sieht die Situation ganz anders aus als bei Bernhard Scherrer. Tatsächlich ist dies meiner Meinung nach der entscheidende Punkt: Bei Vera Scherrer gibt es eine plausible Verknüpfung zwischen der Tat und ihrer Persönlichkeit. Es gab viele Faktoren, warum in ihrem Leben der Druck zunahm: Ihre angeschlagene Gesundheit, die nicht mehr funktionierende Ehe, die Affären – und mit dem Älterwerden der Kinder wurde es zunehmend schwieriger, alles unter Kontrolle zu behalten. Aufgrund ihrer Persönlichkeitsstörung ist Vera Scherrer in solchen Drucksituationen fähig, Ideen zu entwickeln, die andere nie entwickeln würden. Meine Meinung ist: Aus Vera Scherrers Sicht erschien die Idee, die Kinder zu töten, als attraktiv. Sie dachte, es wäre leichter für sie, alleine zu leben, wenn es die Kinder nicht mehr gäbe. Ihre Lebenssituation wurde ihr zu konfus, zu unübersichtlich, also wählte sie die Exitstrategie. Mit fatalen Folgen.

Falls Vera Scherrer die Kinder umgebracht haben sollte, ließe sich die Tat auf diese Weise erklären. Falls Bernhard Scherrer die Kinder getötet hat, ist so ein Verhalten aus psychiatrischer Sicht hingegen nicht nachvollziehbar.

Nun stehen wir, wie ich von der Kommissarin vernommen habe, allerdings vor der Situation, dass Vera Scherrer die Tat bestreitet – während Bernhard Scherrer ein Geständnis abgelegt hat. Wie ich bereits gesagt habe; das ist nicht ein Puzzle mit hundert, sondern eines mit tausend Teilchen und ganz viel blauem Himmel.

Ich komme also zu den letzten zwei Fragen, die sich mir stellen. Erstens: Ist es denkbar, dass Bernhard Scherrer gestanden hat, weil er gemerkt hat, dass es für seine Frau eng wird und er sie schützen will? Hier lautet meine Antwort ganz klar: Ja. Bernhard Scherrer scheint noch immer daran festzuhalten, dass seine Frau unmöglich die Täterin sein kann. Er erkennt aber, dass die Polizei es anders sieht, und stellt sich schützend vor sie.

Zweite Frage: Ist es möglich, dass Vera Scherrer die Tat so weit verdrängt hat, dass sie sich selbst nicht mehr daran erinnert? Auch hier bekommen Sie von mir ein klares Ja zu hören. Es ist möglich, aber ich kann nicht mit Sicherheit sagen, ob es so ist. Vera Scherrers Persönlichkeit hat zwei Facetten. Ihre Trauer ist wahrscheinlich echt, denn sie ist kein gefühlloser Mensch, durchaus nicht. Gleichzeitig ist es möglich, dass ein sehr traumatisches Erlebnis abgespalten wird, also so sehr verdrängt wird, dass eine Amnesie vorliegt und man sich nicht daran erinnert.

Vielleicht ist das hier der Fall, vielleicht aber auch nicht. Alles ist möglich.

19. Befragung

Anwesende:
Belinda Schwarz, polizeiliche Sachbearbeiterin,
Bernhard Scherrer, Beschuldigter,
und Pflichtverteidiger Markus Kerner

Wie geht es Ihnen, Herr Scherrer?«
»Den Umständen entsprechend.«

»Ich frage für das Protokoll: Halten Sie immer noch daran fest, dass Sie Ihre Kinder getötet haben?«

»Ja, das tue ich. Ich habe meine Kinder getötet.«

»Ich muss Ihnen mitteilen, dass wir Ihnen nicht glauben.«

»Das ist mir egal. Ich weiß, was ich getan habe. Was Sie glauben oder nicht glauben, tut nichts zur Sache.«

»Sie irren sich. Das tut sehr wohl etwas zur Sache. Mir liegen mittlerweile beide psychiatrischen Gutachten vor, jenes über Sie und jenes über Ihre Frau.«

»Auch das ist mir egal.«

»Der forensische Psychiater Carlo Frischknecht kommt zum Schluss, dass bei Ihnen absolut keine psychische Störung vorliegt. Sie bewegen sich nicht einen Millimeter außerhalb des normalen Spektrums.«

»Und was soll das bedeuten?«

»Das bedeutet, dass eine Tat wie die Tötung Ihrer beiden Kinder nicht mit Ihrer Persönlichkeit in Einklang zu bringen ist.«

»Ihr Psychiater ist nicht der liebe Gott, er kann weder in die Vergangenheit reisen noch in mich hineinblicken.«

»Das Gutachten über Ihre Frau liest sich ganz anders. Ich denke, das dürfte Sie interessieren, oder es müsste Sie interessieren, wenn Sie Ihre Frau geliebt haben oder immer noch lieben. Ich bitte Sie, mir zuzuhören.«

»Einverstanden.«

»Ihre Frau leidet an einer Persönlichkeitsstörung. Sie haben ...«

»Das stimmt nicht. Meine Frau ist nicht psychisch krank.«

»Lassen Sie mich bitte ausreden. Sie haben selbst gesagt, dass Ihre Frau es als Jugendliche zu Hause nicht leicht hatte. Ein prügelnder und trinkender Vater, zerrüttete Verhältnisse; sie hat in dieser Zeit eine Persönlichkeitsstörung mit einem instabilen Realitätsbezug entwickelt, das heißt, sie kann manchmal selbst nicht unterscheiden, was wahr ist und was sie erfunden hat, die Grenze dazwischen ist fließend.«

»Das hat nichts zu bedeuten.«

»Doch, hat es. Ihre Frau ist dadurch fähig, Dinge zu tun, die für andere nicht infrage kommen. Sie haben erzählt, dass Ihrer Frau Ordnung sehr wichtig ist. Dass sie die perfekte Hausfrau ist. Sie stellt an sich selbst höchste Ansprüche und ist daran gescheitert. Sie war gesundheitlich angeschlagen und wollte trotzdem noch immer perfekt sein. Doch das hat nicht mehr funktioniert. Sie fühlte sich überfordert und vernachlässigt, sie suchte sich Liebhaber, die Ehe war zerrüttet, das Leben geriet außer Rand und Band. Aufgrund ihrer Persönlichkeitsstörung schaffte sie es nicht, mit der Situation adäquat umzugehen. Als sie die Kontrolle verlor, sah sie keine andere Lösung mehr, als die Kinder zu töten.«

»Das ist nicht wahr, wieso sollte sie so etwas tun?«

»Weil sie keinen anderen Ausweg mehr sah. Sie wollte ausbrechen aus ihrem Leben, sie wollte weg von Ihnen, aber zurück zu den Eltern zu gehen war undenkbar, alleine die

Kinder aufzuziehen hätte sie überfordert. Sie dachte, das Leben wäre einfacher ohne die Kinder – und aufgrund ihrer Störung konnte sich die Idee in ihrem Kopf festsetzen, die Kinder umzubringen. Herr Scherrer, nicht Sie, sondern Ihre Frau hat die Kinder umgebracht.«

»Nein! Ich war es! Nicht meine Frau, sie hat das nicht getan!«

»Es bringt nichts, eine Tat zu gestehen, die Sie nicht begangen haben. Ich kann nachvollziehen, dass Sie Ihre Frau schützen wollen. Aber es ist zu spät, die Indizien sprechen klar für eine Schuld Ihrer Frau.«

»Sie haben nicht einen einzigen Beweis.«

»Ich verstehe, dass es für Sie sehr schwierig sein muss, die Wahrheit zu akzeptieren. Ihre Frau hatte zwei Gesichter. Ihnen zeigte sie die Seite der perfekten Hausfrau, die alles im Griff hat. Doch dahinter gab es noch eine andere Vera, eine Vera, der alles entglitt, die sich auf einem Karussell befand, das sich schneller und schneller drehte, bis es zu spät für den Absprung war. Sie hat das nicht getan, weil sie ein böser Mensch ist. Sie hat das getan, weil es aus ihrer Sicht der einzige Ausweg war, den sie erkennen konnte.«

»Nein!«

»Anzeichen gab es schon früher, aber es ist verständlich, dass Sie diese übersehen haben. Befindet man sich in einer engen Beziehung mit einem Menschen, übersieht man einiges, weil man es lieber gar nicht sehen will. Auch nach dem Tod von Mira befand sich Ihre Frau in einer Ausnahmesituation. Ich gehe davon aus, dass sie schon damals die Einbrüche vorgetäuscht hat. Sie wollte aus der Wohnung ausziehen, in der Mira starb, aber Sie waren skeptisch, also inszenierte sie zwei Einbrüche, damit Sie sich überzeugen ließen.«

»Sie meinen, Vera hat mir die ganze Zeit etwas vorgemacht? Unser gesamtes gemeinsames Leben war eine einzige, große Lüge?«

»Ich denke, die Vera, die Sie kannten, die gab es schon. Aber es gab eben auch noch eine andere Vera, die Geschichten erfand, die eine Kreditkarte stahl, als sich die Gelegenheit ergab, die Einbrüche inszenierte und die die Kontrolle über ihr Leben verlor, was für sie nicht mehr zu bewältigen war.«

»Ich will das nicht glauben.«

»Aber ich denke, tief in sich drin wissen Sie es längst. Sie müssen die Wahrheit zulassen und akzeptieren lernen. Es tut mir sehr leid. Ich möchte mich auch dafür entschuldigen, dass wir Sie so lange in Untersuchungshaft behalten mussten. Es waren sehr schwierige und sehr komplexe Ermittlungen.«

»Ich, ich verstehe nicht … Wie meinen Sie das?«

»Die Staatsanwaltschaft hat das Verfahren gegen Sie eingestellt.«

»Das kann sie nicht tun! Ich habe gestanden.«

»Doch, das kann sie. Die Ermittlungen gegen Sie sind abgeschlossen, die Untersuchungshaft ist beendet. Sie sind ein freier Mann. Es tut mir sehr leid, dass wir Sie so lange hierbehalten haben. Und es tut mir sehr leid für Ihren Verlust.«

»Das heißt, ich bin entlassen?«

»Ja, das heißt es.«

»Und meine Frau?«

»Die Staatsanwaltschaft wird gegen Ihre Frau Anklage erheben, wegen Mordes an Sophie und an Noah Scherrer.«

Gerichtsverhandlung
gegen Vera Scherrer

Befragung von Vera Scherrer, Beschuldigte,
durch Peter Stöckli, Gerichtspräsident

Ich eröffne die Hauptverhandlung im Verfahren gegen Vera Scherrer. Mein Name ist Peter Stöckli, Präsident dieses Gerichts. Ich beginne mit den Fragen zu Ihrer Person. Ihr Name ist Vera Scherrer, geboren am 11. Mai. Sie sind heute fünfunddreißig Jahre alt.«

»Das ist richtig.«

»Die letzte Wohnadresse lautet Ahornweg 8, derzeitig befinden Sie sich aber in Untersuchungshaft?«

»Richtig.«

»Die Anklage lautet auf mehrfachen Mord zum Nachteil von Sophie und Noah Scherrer, begangen in der Nacht auf den 25. Dezember. Sie werden beschuldigt, mehrfach vorsätzlich Menschen getötet zu haben, wobei Sie besonders skrupellos handelten, namentlich Ihr Beweggrund, der Zweck der Tat oder die Art der Ausführung besonders verwerflich waren. Haben Sie den Inhalt der Anklageschrift verstanden?«

»Ja, das habe ich verstanden.«

»Es ist fast ein Jahr vergangen seit jener Nacht, als Ihre Kinder starben. Sie haben während der Voruntersuchung die Tat stets bestritten. Gestern Abend habe ich nun einen Anruf von Ihrem Anwalt erhalten. Er sagte mir, Sie wollten uns etwas erzählen.«

»Ja.«

»Bitte.«

»Ich … im Gefängnis habe ich nachgedacht. Die Psychotherapeutin, Frau Sommer, sie hat mir sehr geholfen. Ich habe volles Vertrauen in sie, das ist auch der Grund, warum ich mich habe öffnen können. Ich möchte ein Geständnis ablegen.«

»Bitte erzählen Sie.«

»Ich habe meine zwei Kinder erstickt.«

»Können Sie uns berichten, wie und warum Sie das getan haben? Oder brauchen Sie eine Pause? Gerichtsschreiber, reichen Sie Frau Scherrer die Taschentücher.«

»Danke. Ja, es geht. Ich möchte erzählen. Das, was in der Anklageschrift steht, ist mehr oder weniger richtig. Ich bin aufgestanden in jener Nacht und habe die letzten Weihnachtsgeschenke unter den Tannenbaum gelegt. Danach bin ich zu den Kindern ins Zimmer gegangen, da war noch alles gut. Ich ging zurück ins Bett und bin wieder eingeschlafen. Doch mitten in der Nacht wachte ich erneut auf.

Ich stand auf und begab mich ins Zimmer von Noah. Ich setzte mich auf die Bettkannte und schaute ihm zu, wie er schlief. Aus dem Nichts heraus habe ich das Kissen genommen. Es tut mir leid, ich kann fast nicht sprechen, es tut mir so weh.«

»Nehmen Sie sich die Zeit, die Sie brauchen.«

»Ich habe das Kissen genommen und es ihm aufs Gesicht gedrückt. Er hat sich sehr stark gewehrt. Aber plötzlich regte er sich nicht mehr, und ich setzte mich wieder auf den Bettrand. Im Zimmer brannte ein schwaches Licht, und ich sah sein Gesicht. Ich ertrug den Anblick nicht, darum legte ich das Kissen auf seinen Kopf. Ich stand auf, ging ins andere Zimmer hinüber zu Sophie. Ich saß auch bei ihr zunächst auf dem Bettrand und schaute sie an. Sie schlief recht tief, schnärchelte ganz leise. Dann nahm ich das Kissen und drückte es auch ihr aufs Gesicht. Ich glaube, sie ist aufgewacht, doch je mehr sie sich wehrte, desto stärker habe ich gedrückt. Ich habe mit großer Kraft zugedrückt und bin etwas abgerutscht, Richtung Hals, ich drückte und drückte und drückte, so lange, bis sie ruhig wurde. Ich saß auf ihr drauf, stieg herunter, machte Licht. In dem Moment, als ich das Licht einschaltete, bin ich wahnsinnig erschrocken. Ich dachte: Mein Gott, was habe ich getan! Ich trat aus dem Zimmer und wusste, dass ich versuchen musste, die Schuld von mir wegzuhalten. Ich wollte, dass die Schuld nicht zu mir kommt. Ich habe die Fenster aufgemacht, die Schränke geöffnet, die Kleider rausgenommen, die Tasche ausgeschüttet, das Geld aus dem Portemonnaie geklaubt und im Klo hinuntergespült, es sollte danach aussehen, dass nicht ich das getan hatte. Die Idee mit dem Einbruch kam mir, weil ich schon in der alten Wohnung zweimal einen Einbruch vorgetäuscht hatte. Bernhard hat es jedes Mal geglaubt.

Ich ging zurück ins Schlafzimmer und legte mich wieder ins Bett. Eigentlich war mir bewusst, dass ich etwas tun musste, ich konnte nicht *nichts* tun, aber gleichzeitig konnte ich nicht handeln. Ich lag da und dachte an die Tat und wusste weder ein noch aus. Also weckte ich meinen Mann. Als ich ihm in Noahs Zimmer folgte und das Gesicht des toten Jungen sah, dachte ich: Das bin nicht ich gewesen, ich war das nicht, das konnte nicht wahr sein. Unmöglich.

Lange Zeit habe ich selbst geglaubt, dass nicht ich die Kinder umgebracht habe.

Heute ist es anders.

Ich habe im Gefängnis viele Stunden mit meiner Therapeutin gesprochen. Heute weiß ich: Ich muss es gewesen sein. Ich muss es getan haben. Und ich kann nicht länger mit dieser Schuld leben.«

»Als Sie die Kissen auf die Gesichter Ihrer Kinder drückten: War es da Ihre Absicht, dass sie dabei starben? Wollten Sie die Kinder töten?«

»Es ist für mich selbst unvorstellbar. Ich versetze mich immer und immer wieder in diese Nacht zurück. Ich glaube, ich hatte keine Gefühle. Aber ich wollte das nicht. Ich wollte nicht wirklich, dass die Kinder tot sind.«

»Warum haben Sie so gehandelt?«

»Das frage ich mich selbst. Ich suche nach einer Antwort und finde sie einfach nicht. Die Kommissarin meint, ich hätte das alles geplant, ich wollte mit meinen Liebhabern ein neues Leben beginnen, und die Kinder seien mir im Weg gewesen. Aber so war das nicht. Die Liebhaber spielten keine Rolle. Ich und die Kinder und Bernhard, wir haben uns alle auf Weihnachten gefreut, vor allem die Kinder. Ich habe mir bereits ihre leuchtenden Augen vorgestellt, wenn sie die Geschenke auspackten. Ich weiß nicht, was mit mir los war. Ich verstehe nicht, wie ich das tun konnte. Ich glaube, mir war in dem Moment nicht bewusst, dass die Kinder sterben würden. Erst danach. Ich sah die toten Kinder und dachte, es ist nicht möglich, dass ich das getan habe. Aber ich habe es getan. Ich habe sie getötet. Es tut mir unsagbar leid.«

»Warum haben Sie bis heute gewartet, uns das zu erzählen?«

»Ich habe lange Zeit selbst fest daran geglaubt, dass ich das nicht getan habe. Weil es einfach undenkbar ist. Tief in mir drin habe ich es aber wohl immer gewusst. Doch ich habe die Erinnerung nicht zugelassen. Es ist auch jetzt für mich sehr schwierig, die Wahrheit zu sagen. Lügen ist einfacher. Und es ist erst recht schwer, hier zu sitzen und zuzugeben, dass ich die ganze Zeit gelogen habe. Doch ich habe gemerkt, dass ich so nicht weiterleben kann. Darum sage ich jetzt die Wahrheit.«

»Frau Scherrer, waren Sie mit Ihren Kindern überfordert?«

»Nein, sie waren für mich keine Belastung.«

»Es ist für uns sehr schwierig zu verstehen, warum Sie das getan haben. Sehen Sie irgendwo in Ihrem Leben eine Ursache dafür, dass Sie die Kinder getötet haben?«

»Nein, überhaupt nicht, es ist für mich selbst weder vorstellbar noch nachvollziehbar.«

»Haben Sie Ihre Kinder geliebt?«

»Sie haben uns sehr viel Liebe gegeben. Für mich ist es aber schwierig zu sagen, ich hätte meine Kinder geliebt. Wenn man selbst keine Liebe erhalten hat, ist es nicht einfach zu lieben. Ich habe immer geschaut, dass es meinen Kindern gut geht. Ich habe sie sicher schon irgendwie geliebt. Ich habe sie aufwachsen sehen und fand sie sehr liebenswürdig. Ich habe ihnen gegeben, was ich selbst als Kind nie erhalten habe. Ich würde noch immer alles für meine Kinder tun.«

»Ist das alles, was Sie uns sagen wollten?«

»Ich ... Nein.«

»Möchten Sie noch etwas anderes offenlegen?«

»Ja. Es geht um Mira.«

»Brauchen Sie eine Pause?«

»Nein, es geht.«

»Mira war Ihr erstes Kind. Was ist mit ihr?«

»Sie ist nicht am plötzlichen Kindstod gestorben. Ich bin auch für ihren Tod verantwortlich. Ich habe ihr den Mund zugehalten, weil sie so geschrien hat. Sie hat so oft geweint. Ich habe alles getan, was ich machen konnte, ich wollte doch nur, dass sie einen Moment lang still ist. Ich wollte doch nicht, dass sie stirbt. Sie war erkältet, sie hat kaum mehr geschlafen und immer nur geweint. Ich habe überall Rat gesucht. Wenn sie wenigstens mal zwei, drei Stunden geschlafen hätte. An jenem Morgen, kaum war Bernhard zur Arbeit gefahren, stand ich unter der Dusche, als sie erneut zu weinen begann. Sie hat geschrien und geschrien und geschrien, und ich habe ihr die Hand auf den Mund gelegt und ihn zugehalten. Als sie ruhig war, ging ich ins Bad und duschte zu Ende. Ich kam zurück und wunderte mich, warum sie so still war. Da sah ich, dass sie blaue Lippen hatte. Ich habe sofort den Notarzt alarmiert und die Nachbarn zu Hilfe gerufen. Aber es war zu spät. Sie haben versucht, Mira wiederzubeleben. Doch sie war schon tot.«

»Warum haben Sie damals nichts gesagt?«

»Ich dachte, ich sei schuld an ihrem Tod.«

»Aber Sie haben mit niemandem darüber gesprochen?«

»Nein, der Arzt sagte dann, Mira sei am plötzlichen Kindstod gestorben – und da dachte ich auf einmal: Es ist gar nicht meine Schuld. Ich habe mich einfach selbst belogen, wie ich mich zuerst auch wegen Noah und Sophie belogen habe. Ich habe mich die ganze Zeit selbst belogen. Jetzt aber kann ich nicht länger mit den Lügen leben. Ich bin es meinen Kindern und allen anderen Menschen, die mich kennen, schuldig, dass die Wahrheit ans Licht kommt. Darum gestehe ich: Ich, Vera Scherrer, habe meine drei Kinder getötet. Mira, Sophie und Noah. Ich wünsche mir nichts mehr, als dass ich es rückgängig machen könnte. Aber das kann ich nicht. Sie sind tot. Alle sind sie tot.

Es tut mir leid.«

Bernhard Scherrer

Vater

Heute vor einem Jahr sind meine Kinder gestorben. Ein Jahr schon. Erst ein Jahr. Es kommt mir vor, als wäre es gestern gewesen. Oder in einem anderen Leben. Es geht mir noch immer nicht gut. Alles ist schwierig.

Heute kann ich offen aussprechen, was ich damals nicht wahrhaben wollte: Meine Frau hat meine Kinder getötet, hat alle meine drei Kinder getötet. Aber begreifen tue ich es immer noch nicht. Die Frage nach dem Warum ist in jedem Moment meines Lebens allgegenwärtig, und dennoch findet sich keine Antwort darauf. Es gibt keinen Grund. Ich verstehe nicht, warum man so etwas macht, warum eine Mutter die eigenen Kinder umbringt.

Heute muss ich sagen: Meine Frau hat mich hintergangen, sie hat ein Doppelleben geführt, ich weiß nicht einmal, ob sie uns alle hat umbringen wollen, auch mich und sich selbst, ich weiß es nicht, nichts ergibt einen Sinn. Nur eines weiß ich: Das ist nicht die Vera, die ich mal gekannt habe. Die Vera, die ich kannte, war um uns besorgt. Ihr war wichtig, dass es uns gut geht, ich habe gespürt, dass sie uns gernhatte. Noch immer fehlen mir die Worte. Ich konnte es bis zuletzt nicht glauben, dass sie eine Mörderin ist. Alles hätte ich für sie getan, um sie vor dem Gefängnis zu bewahren. Doch dann ... ihr Geständnis. Meine Welt zersplitterte in hunderttausend Scherben, die sich nie wieder zusammensetzen lassen. Gleichzeitig brach der Schmerz um den Verlust erneut mit voller Wucht über mich herein. Ich war wahnsinnig traurig und bin es noch immer. Es ist ein extremes Leiden. Gegenüber diesem riesigen Schmerz verschwindet man als Mensch. Als gäbe es mich nicht mehr.

Als ich aus der Untersuchungshaft entlassen worden bin, habe ich umgehend eine Therapeutin gesucht. Das hat geholfen. Sie konnte mir meine Trauerattacken erklären, die schlimmer sind als der schrecklichste körperliche Schmerz, den ich je erfahren habe. Man glaubt dabei zu ersticken und zu verbrennen zugleich. Ich habe Atemnot, Zitteranfälle, Heulattacken, Flashbacks, manchmal meine ich, ich befinde mich wieder in jener schrecklichen Nacht, manchmal überkommt mich alles gleichzeitig. Meine Therapeutin sagt, das sei normal, denn ich hätte eine schwerste Traumatisierung erfahren. Aber sie zeigt mir auch auf, dass es ein Leben danach geben kann.

Ich bin aus allem rausgekippt. Von einer Sekunde auf die andere war in meinem Leben nichts mehr wie zuvor. Ich fand meine Kinder tot in ihren Betten – und während andere in dieser Situation von einem Notfallseelsorger betreut werden, wurde ich in Untersuchungshaft gesteckt. Für fast vier Monate. Gefangen, eingesperrt, wie ein Verbrecher. Hundert Mal die gleichen Fragen. Jedes Gespräch landete in einer Akte, all meine Nachrichten wurden gelesen, ich hatte keine Intimsphäre mehr.

Ich hatte keinen Raum zum Trauern.

Die meisten Seelen, sagt meine Therapeutin, flüchten in einer solchen Situation, verstecken sich, spalten den Schmerz ab. Ich aber will ihn zulassen. Meinen Kindern zuliebe. Mir zuliebe. Ich muss mich spüren, weil ich sonst nicht weiß, ob es mich noch gibt oder ob ich verschwunden bin. Mich aufgelöst habe im Schmerz.

In jener Nacht sind große Teile von mir gestorben. Ich will nicht auch noch meine Seele verlieren.

Als ich das Gefängnis verließ, wartete draußen mein Vater auf mich. Er hat dafür gesorgt, dass ich nicht mehr in meine alte Wohnung zurückmusste. Ich bin ihm dankbar dafür. Die ersten Tage lag ich nur im Bett. Dann habe ich mich entschieden, dass mein Leben weitergehen soll, und bin aufgestanden. Dass es so schwierig werden würde, habe ich nicht geahnt. Aber ich werde nicht aufgeben. Ich werde weitergehen.

Zuerst ging es darum, wieder Fuß zu fassen. Die Wohnung räumen lassen, den Mietvertrag auflösen, das Geschäft organisieren und den Betrieb wieder aufnehmen. Die Arbeit hilft mir. Dann haben meine Eltern und ich eine private Feier zum Abschied von Noah und Sophie organisiert, auch das war wichtig.

Und jetzt stehe ich hier und kann nicht sagen, ob es mir gut oder schlecht geht, es geht einfach irgendwie. Ich bin dünnhäutig geworden, sensibel. Das normale Leben kommt mir banal vor. Ich höre anderen Menschen zu, höre, wie sie über Probleme reden, die keine Probleme sind, höre, was ihnen Sorgen macht, und verstehe nicht, warum sie sich darüber Sorgen machen. Ich kann mich niemandem erklären, niemand versteht, niemand kennt den Tunnel, in dem ich mich bewege. Ich weiß, dass normale Menschen Mühe haben, mit der Geschichte umzugehen. Sie ist so speziell, dass man damit immer alleine bleibt. Ich erwarte auch von niemandem, dass er adäquat damit umgehen kann, denn wie soll man mit so etwas Schrecklichem adäquat umgehen können?

Ich gehe oft stundenlang spazieren, ich muss mich körperlich bewegen, weil ich innerlich zu bewegt bin. Aber es hilft nicht immer. Manchmal sind es kleine Gegenstände, die alles wieder hochkommen lassen. Ein Kinderpyjama. Eine Tasse, wie Sophie eine hatte. Dann ist alles wieder da, auch der Schmerz, der mich foltert, statt mich zu töten. Dann stehe ich da und frage mich, was tue ich überhaupt noch hier. Dann bin ich wieder völlig orientierungslos.

Aber ich bin noch da. Ich kann manchmal sogar wieder lachen. Beziehungen zu anderen Menschen sind nach wie vor schwierig, ich ertrage sie schlecht. Mein Vertrauen in andere ist in den Grundfesten erschüttert.

Ich habe Vera zu hundert Prozent vertraut, mein halbes Leben lang. Wir gehörten zusammen und fühlten uns wie eine Person. Ich fühlte mich wie eine Person mit ihr. Sie wohl nicht. Ich schlief jede Nacht neben einem Menschen, den ich meinte zu kennen und von dem ich nicht wusste, wer er war. Wieder und wieder frage ich mich, wie es möglich war, dass ich mich so sehr in ihr getäuscht habe. Doch dann rede ich mir ein, dass ich mich nicht getäuscht habe, dass sie nicht immer so war, dass ich es nicht merken konnte, weil sie sich erst in den letzten Monaten stark verändert hat – und dass es die Vera, die ich liebte, wirklich mal gegeben hat. Vielleicht irre ich mich, aber der Gedanke spendet mir Trost.

Ich muss wieder lernen, Menschen zu vertrauen. Ich habe eine neue Wohnung. Meine Familie gibt mir Halt. Ich habe wieder ein kleines, privates Umfeld. Ich kann besser mit meinen Trauerattacken umgehen. Ich werde wieder stärker.

Die Tat meiner Frau ist immer präsent. Sie hat meine Persönlichkeit verändert, und ich werde nie wieder derselbe sein. Aber ich bin zuversichtlich, dass ich damit leben kann.

Ich bin noch da.

Zur Entstehung dieses Buchs

Ich werde Ihnen Antworten geben. Ich werde Ihre Fragen nach dem Was und dem Wer beantworten können, ohne dass erhebliche Zweifel bleiben. Etwas anders sieht es aus bei der Frage nach dem Warum. Es handelt sich hier um einen unbegreiflichen Fall. Es geht um zwei Verbrechen, die kaum jemanden unberührt lassen. Auch an mir ist diese Untersuchung nicht emotionslos vorbeigegangen.«

Mit diesen Worten eröffnete der Zürcher Staatsanwalt Markus Oertle sein Plädoyer vor dem Zürcher Geschworenengericht, in dem er dafür plädierte, jene Mutter schuldig zu sprechen, die ihre Kinder im Schlaf erstickt hatte. Ich saß damals als Justizreporterin für die NZZ am Sonntag im Gerichtssaal, um über den Fall zu berichten. So, wie ich es zahllose Male zuvor schon getan hatte und viele weitere Male danach wieder tun sollte.

Doch der Mord an den beiden Kindern, auf dem diese literarische Nacherzählung basiert, ist einer jener Fälle, die für immer haften bleiben.

Zum einen, weil die Tat nicht verstanden werden kann; der Fall überschreitet die Grenze des Fassbaren. Zum anderen, weil dieser Mordprozess als einer der letzten vor einem Schweizer Geschworenengericht verhandelt worden ist, bevor diese Form der Rechtsfindung abgeschafft wurde.

Der Prozess zum Mord an den beiden Kindern begann mit dem Notruf: Die Aufnahme des Telefonats, in dem der Vater die Polizei um Hilfe rief, nachdem er seine beiden Kinder getötet aufgefunden hatte, lief im Gerichtssaal vom

Tonband. Damit sich die Geschworenen ein Bild machen konnten, wurden Tatortfotos – der Junge und das Mädchen tot in ihren Betten – auf eine Großleinwand projiziert. Nicht nur die beschuldigte Mutter, auch der Vater, der Rechtsmediziner, der Kriminaltechniker, die Nachbarinnen, die Liebhaber, die ermittelnden Polizisten, die Frauenärztin, Verwandte, der forensische Psychiater und einige mehr wurden vorgeladen und vom Gerichtspräsidenten vor den Geschworenen befragt. Der Prozess dauerte fast drei Wochen, meine Notizen füllten mehrere Schreibblöcke, die die Grundlage für diesen Roman bildeten.

Es handelt sich bei dem Buch aber nicht um eine lange, journalistische Reportage. Vielmehr habe ich den Fall in einer Form niedergeschrieben, die wohl dem Kammerspiel am nächsten kommt. Der Fall wird ausschließlich mittels Aussagen wiedergegeben – Aussagen, die zum Teil genau so oder sinngemäß sehr ähnlich tatsächlich gemacht wurden. Der Telefonnotruf beispielsweise ist eine beinahe wörtliche Abschrift des echten Notrufs. Die Gedanken und Erzählungen von Nachbarn, Experten oder Liebhabern stützen sich exakt auf die Angaben, die ebendiese vor Gericht gemacht haben. Andererseits habe ich einige Aussagen, die auf den realen Vorfällen basieren, frei formuliert. Der Exkurs des Verteidigers zum Beispiel, die Gedanken der Mutter oder die Überlegungen der Ermittlerin mag es in dieser Form vielleicht gegeben haben, sind aber nirgends belegt. Auch die Verhöre des verdächtigten Vaters sind über weite Strecken fiktiv – sie basieren aber auf seinen Aussagen vor Gericht und stehen stets in Bezug zu den realen Geschehnissen in jener folgenschweren Nacht Ende 2007.

Die Namen aller beteiligten Personen sind geändert, der Ort, in dem das Verbrechen geschah, wird nicht explizit genannt, weil es nichts zur Sache tut, weil es überall hätte passieren können, in unserer Stadt, in unserem Quartier, gleich nebenan.

Inhaltlich weicht meine Geschichte in zwei wichtigen Punkten vom realen Fall ab: Der Vater, den ich Bernhard Scherrer nenne, befand sich nach dem Tod seiner beiden Kinder wie seine Ehefrau während mehrerer Monate in Untersuchungshaft, da er zu Beginn ebenso stark unter Tatverdacht stand wie die Täterin. Anders als in meinem Roman hat er jedoch niemals ein falsches Geständnis abgelegt. Er hat die Tat immer bestritten – und er hat bis zum Schluss an die Unschuld seiner Frau geglaubt.

Und: In der Realität musste der Vater sehr viel länger auf die schreckliche Gewissheit warten, was wirklich mit seinen Kindern passiert ist. Der Geschworenenprozess fand erst im März 2010 statt, mehr als zwei Jahre nach der Tatnacht. In diesem ersten Gerichtsverfahren leugnete die Mutter der Kinder, etwas mit deren Tod zu tun zu haben, wurde aber trotzdem verurteilt. Der Prozess musste jedoch wegen formalen Mängeln wiederholt werden, und erst da entschloss sich die Mutter, ein Geständnis abzulegen. Im Dezember 2012 – fünf Jahre nach der Tat – gab sie zu, ihre beiden Kinder in ihren Betten mit den Kissen erstickt zu haben. Darüber hinaus räumte sie ein, acht Jahre zuvor auch ihre erste, nur sieben Wochen alte Tochter getötet zu haben.

Erst in diesem Moment zeigte sich das gesamte Ausmaß der Tragödie. Die Mutter der toten Kinder wurde zu einer lebenslangen Freiheitsstrafe verurteilt.

Die Ermittlungen, die zu diesem Schuldspruch führten, waren umfangreich. Insgesamt wurden im Rahmen der Untersuchung rund vierzig Gutachten in Auftrag gegeben sowie einhundert Rapporte und Berichte im Umfang von mehr als sechshundertfünfzig Seiten verfasst, nicht zu vergessen die circa zweihundert protokollarischen Einvernahmen von mehr als 1500 Seiten. Für die literarische Bearbeitung des Falles habe ich eine Auswahl von Aussagen getroffen und natürlich vieles weglassen müssen. Auch habe ich einige strafprozessuale Abläufe vereinfacht. Sträflich vernachlässigt habe ich beispielsweise die Rolle des Staatsanwalts, der die vorprozessuale Untersuchung leitet und ab einem gewissen Zeitpunkt ebenfalls Einvernahmen durchführt. Solche Ungenauigkeiten möge man mir verzeihen.

Zum Schluss bleibt mir zu danken: Ein großes Merci an Felix Wenger, Thomas Hasler, Claudio Jakob, Gaby Holenstein, Jasmine Scheidegger und Marion Sägesser, die mich beim Schreiben dieses Buches unterstützt haben, an meine Agenten Lars Schultze-Kossack und Nadja Kossack, an meinen Lektor René Stein und an das Team des Kampa Verlags. Danke!

ATLANTIS VERLAG

Christine Brand

Die frühen Fälle von Milla Nova in von der Autorin
grundlegend überarbeiteten Neuausgaben

Zwölf Wochen in Folge auf der Schweizer Bestsellerliste

Das Geheimnis der Söhne

Die toughe TV-Journalistin Milla Nova bringt nichts aus der
Fassung. Doch als sie für eine neue Reportage im ersten Senioren-
gefängnis der Schweiz auf den Serienmörder Valentin Mannhart
trifft, wird selbst Milla mulmig zumute.

Kalte Seelen

Milla Nova lässt sich für eine Reportage eine Woche lang ins
Frauengefängnis Hindelbank im Emmental einsperren – und
wird mit einer grausamen Wahrheit konfrontiert.

Stiller Hass

Ein Politiker, der im Bundeshaus auf einer Bombe sitzt. Eine
Kommissarin, die alles verliert. Und eine Rechtsmedizinerin in
einem unlösbaren Dilemma … Milla Nova recherchiert für ihre
neueste Reportage auf höchster Ebene der Schweizer Politik –
und stößt dabei auf tiefste Abgründe.